스타킹 기억법

학습 내용 100% 기억, 필요할 때 100% 기억 재생

Foreign Copyright:
Joonwon Lee
Address: 3F, 127, Yanghwa-ro, Mapo-gu, Seoul, Republic of Korea
         3rd Floor
Telephone: 82-2-3142-4151
E-mail: jwlee@cyber.co.kr

스타킹 기억법

2013. 7. 30. 1판 1쇄 발행
2015. 6. 11. 1판 2쇄 발행
2021. 11. 1. 1판 3쇄 발행

저자와의 협의하에 검인생략

지은이 | 정진화
펴낸이 | 이종춘
펴낸곳 | BM (주)도서출판 성안당

주소 | 04032 서울시 마포구 양화로 127 첨단빌딩 3층(출판기획 R&D 센터)
      10881 경기도 파주시 문발로 112 파주 출판 문화도시(제작 및 물류)
전화 | 02) 3142-0036
      031) 950-6300
팩스 | 031) 955-0510
등록 | 1973. 2. 1. 제406-2005-000046호
출판사 홈페이지 | www.cyber.co.kr
ISBN | 978-89-315-7671-9 (13370)
정가 | 25,000원

이 책을 만든 사람들
책임 | 최옥현
진행 | 정지현
교정·교열 | 이동원
본문 디자인 | 디자인 클립
표지 디자인 | 박원석
홍보 | 김계향, 유미나, 서세원
국제부 | 이선민, 조혜란, 권수경
마케팅 | 구본철, 차정욱, 나진호, 이동후, 강호묵
마케팅 지원 | 장상범, 박지연
제작 | 김유석

이 책의 어느 부분도 저작권자나 BM (주)도서출판 성안당 발행인의 승인 문서 없이 일부 또는 전부를 사진 복사나 디스크 복사 및 기타 정보 재생 시스템을 비롯하여 현재 알려지거나 향후 발명될 어떤 전기적, 기계적 또는 다른 수단을 통해 복사하거나 재생하거나 이용할 수 없음.

■ 도서 A/S 안내

성안당에서 발행하는 모든 도서는 저자와 출판사, 그리고 독자가 함께 만들어 나갑니다.
좋은 책을 펴내기 위해 많은 노력을 기울이고 있습니다. 혹시라도 내용상의 오류나 오탈자 등이 발견되면 **"좋은 책은 나라의 보배"**로서 우리 모두가 함께 만들어 간다는 마음으로 연락주시기 바랍니다. 수정 보완하여 더 나은 책이 되도록 최선을 다하겠습니다.
성안당은 늘 독자 여러분들의 소중한 의견을 기다리고 있습니다. 좋은 의견을 보내주시는 분께는 성안당 쇼핑몰의 포인트(3,000포인트)를 적립해 드립니다.
잘못 만들어진 책이나 부록 등이 파손된 경우에는 교환해 드립니다.

학습 내용 100% 기억, 필요할 때 100% 기억 재생

스타킹 기억법

정진화 지음

BM (주)도서출판 성안당

책머리에 붙여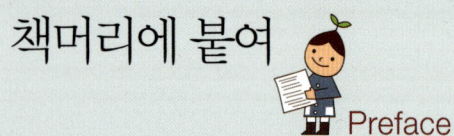

　남들보다 시력이 나쁜 나는 초등학교 6학년 시절, 친구들과 함께 만화방에서 만화책을 빌려 보던 중 친구들의 책 읽는 속도가 나보다 10~20배 이상 빠른 걸 알게 되었습니다. 며칠 후 시험일에 친구들은 "나는 시험공부를 다섯 번 했어!" "나도 세 번 했어!" 하며 시험공부를 많이 했다고 자랑합니다. 나는 겨우 한 번했는데 친구들이 정말 부러웠습니다. 시험이 끝나고 다행히 나는 100점을 맞았습니다. 그런데 다섯 번 공부한 친구나 세 번 공부한 친구들이 한두 개씩 틀린 것입니다. 그때 나는 '내가 책을 늦게 보더라도 시험에서 안 틀리면 친구들을 앞설 수 있겠다.'라는 생각을 했습니다. 이때부터 기억법을 연구하기 시작했습니다.

　당시에 나는 부모님을 졸라 〈소년중앙〉 〈학생중앙〉이라는 월간지를 구독했는데 여기에 공부하는 방법과 전략에 대해서 설명을 한 부분이 들어 있었습니다. 이것을 참고로 공부 방법을 따라 해보기도 하고 내 생각대로 바꿔보기도 하면서 기억법의 기초를 다졌습니다. 이렇게 하면서 중·고등학교 시절에 여러 가지 아이디어로 한 번 보면 학습 내용을 잊지 않는 훈련을 하여 그런 능력이 만들어지게 했던 것입니다.

　가끔 텔레비전을 보면 기억력이 뛰어난 분들의 놀라운 기억력 시범을 볼 때가 있었는데 그때마다 나도 내 방식으로 해보면서 실력을 비교하게 되었고, 그분들의 실력을 생각하면서 어떻게 하는지를 연구했습니다. 이제는 어느 누가 기억력 능력을 과시해도 놀랍지가 않습니다.

　그러다가 우연한 기회에 학원계의 강사가 되어 수학을 가르치는 중 수학능력이 월등하게 변하는 아이들을 보며 학부형들이 다른 과목도 지도해 달라는 요청을 받았지만 선뜻 대답해 줄 수가 없었습니다. 당시에는 과외금지령으로 함부로 일반 과목을 가르칠 수가 없었기 때문이기도 했지만 무엇보다도 별도의 시간을 내기가 힘들었기 때문입니다.

　학부형들의 부탁과 학원 원장님의 압력(?)에 고민하다가 기억법을 가르치기로 했습니다. 그동안 나를 특별한 천재로 인식하게 했던 것이 기억법이었고 기억법은 세상에 꼭 알리고 싶었습니다. 교재도 없던 시절에 학생들의 교과서를 교재로 삼아 지도했습니다. 전교 1등 하는

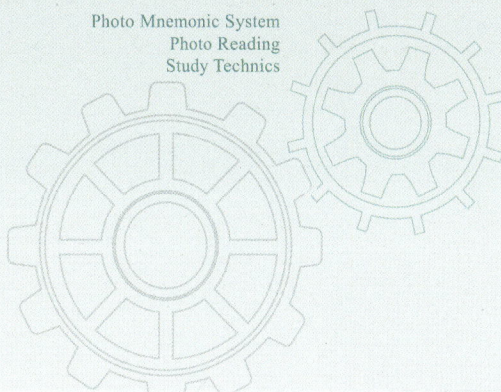

아이가 둘이나 나오고 다들 성적이 급상승하는 등 적지 않은 성과를 냈습니다. 그래서 기억법 강의를 본격적으로 시작하였고 강의를 하는 중에 틈을 내어 기억법을 연구하였습니다. 강의 노하우와 연구가 쌓이면서 교재도 만들어 사용하게 되었습니다. 처음에는 〈창의심상학습법〉이란 제목으로 강의를 하였고 나중에는 〈창의심상학습 기억법〉이라 고쳐 강의를 하였습니다. 함께 공부했던 학생들의 성적이 향상되니 주변에 많이 알려지기도 하였습니다. 지금은 속독법도 개발하여 지도하면서 기억법과 속독법의 명칭을 하나로 하는 〈MPR심상학습법〉으로 명칭을 고쳐 사용하고 있습니다. 본서는 그 당시 내가 직접 만들어 사용했던 교재가 바탕이 된 책입니다.

본서 〈스타킹 기억법〉은 인지심리학적 측면과 교육학적 측면, 대뇌생리학적 측면을 아우르는 방법으로, 배우는 사람이 쉽게 이해하도록 지도하는 과정을 그대로 정리한 책입니다. 혹 이해가 안 되는 부분이 있으면 저의 홈 사이트인 mpr.or.kr로 와서 자유게시판에 질문을 하면 제가 답변을 하도록 하겠습니다. 다음은 학원에서 수료하는 사람들의 수료 조건입니다. 참고하여 최소한 이 정도를 하면 기억법을 수료했다고 생각하면 됩니다.

수료 조건

1. 100단어 100초에 기억하기
2. 100개의 문장 토씨 하나 틀리지 않고 10분 안에 기억하기
3. 100개의 문장을 연필 한 자루에 상상으로 기록하여 연필 보고 적기
4. 교과서 한 페이지 한 번 읽고 기억하기
5. 한자 100자 10분 안에 기억하기
6. 영어단어 100개 10분 안에 기억하기

목차
Contents

책을 펴내면서

제1편 스타킹 심상학습기억법 기본편

1. 스타킹 심상학습기억법 서론 … 10
2. 기억에 대하여 … 17
3. 정신집중호흡법 … 23
4. 연상결합법 … 27
5. 연상결합법의 수련 … 39
6. 연상결합법의 기초 학습 응용 … 47
7. 기초결합법 … 57
8. 기초결합법의 수련 … 95
9. 기초결합법의 응용 … 133

제2편 스타킹 심상학습기억법 중급편

10. 변환법 … 141
11. 변환법의 연습 … 149
12. 심상 4단계 … 161
13. 심상 4단계의 연습 … 169
14. 낱말 공식 … 185
15. 낱말 공식 익히기 연습 … 193
16. 낱말 공식의 응용 … 205
17. 숫자변환술 … 217
18. 숫자기억법 … 229
19. 음변환술에 의한 수기억법 … 237
20. 음결합법에 의한 수기억법 … 245
21. 형태변환법에 의한 수기억법 … 251

Photo Mnemonic System
Photo Reading
Study Technics

제3편 스타킹 심상학습기억법 고급편

- 22. 전 과목 기억술 8비법 265
  - 전 과목 기억술 제1비법 – 구, 절로 끊어 기억하기 266
  - 전 과목 기억술 제2비법 – 연상결합법으로 기억하기 278
  - 전 과목 기억술 제3비법 – 제목의 글자로 기억하기 286
  - 전 과목 기억술 제4비법 – 기초결합법으로 기억하기 295
  - 전 과목 기억술 제5비법 – 연상결합법으로 기억하기 304
  - 전 과목 기억술 제6비법 – 기초연상결합법으로 기억하기 ... 310
  - 전 과목 기억술 제7비법 – 토씨 하나 빼놓지 않고 기억하기 ... 316
  - 전 과목 기억술 제8비법 – 심상술을 이용하여 기억하기 ... 320
- 23. 문자기억법 329
- 24. 고시조 · 고문기억법 337

제4편 스타킹 심상학습기억법 특별편

- 25. 특별장 – 낱말 공식 기초장 347

제1편

스타킹 심상학습기억법 기본편

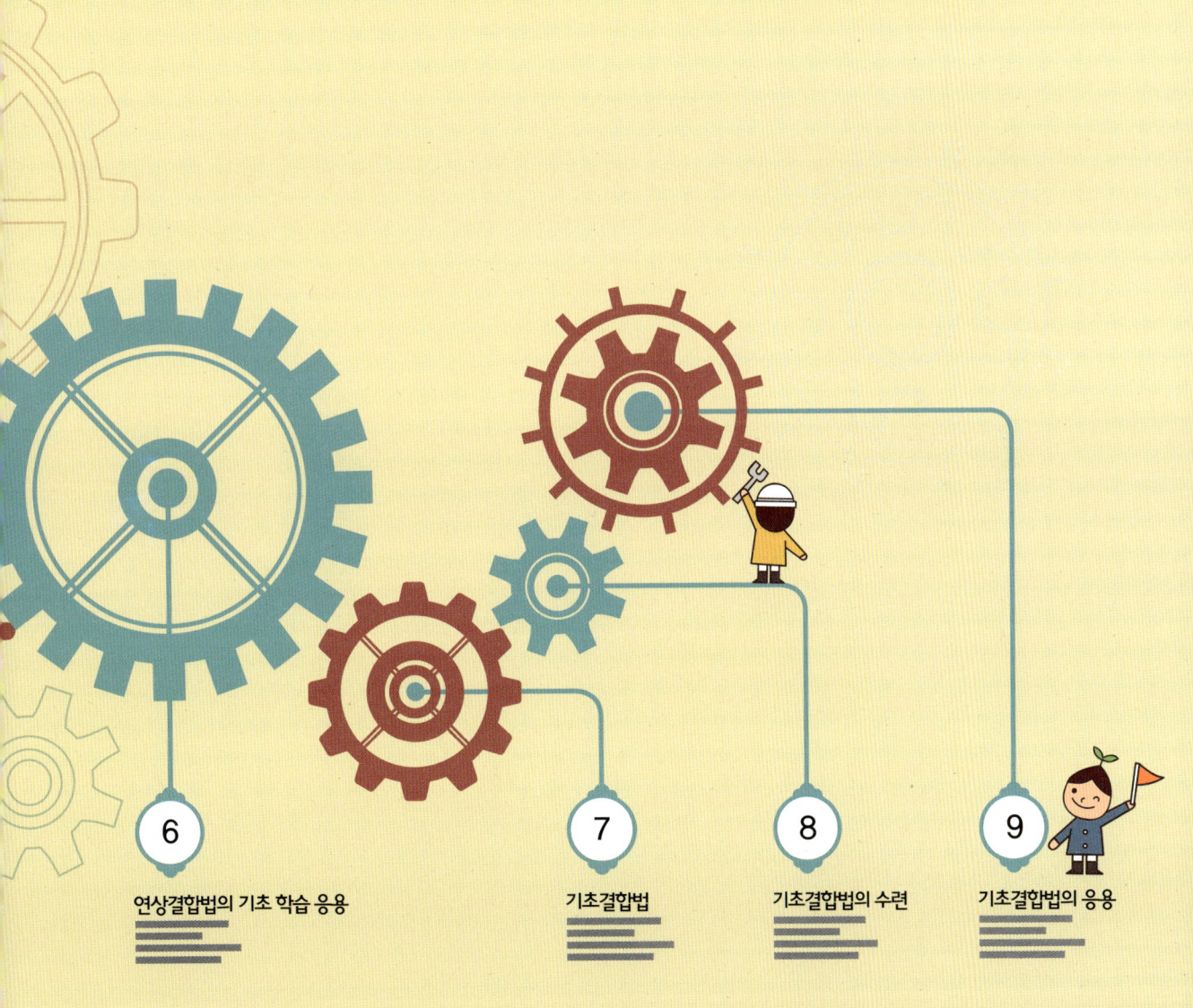

6 연상결합법의 기초 학습 응용

7 기초결합법

8 기초결합법의 수련

9 기초결합법의 응용

Photo Mnemonic System
Photo Reading
Study Technics

스타킹 심상학습기억법 서론

1. 서론
2. 대뇌의 활동과 시냅스

스타킹 심상학습기억법 서론

　스타킹 심상학습기억법이란 인간이 가지고 있는 창의력을 잠재적인 수준까지 끌어올려 천재가 될 수 있도록 하는 학습 방법입니다. 다시 말하면, **스타킹 심상학습기억법**은 인지심리학을 근거로 학습심리학과 교육심리학의 학문적 토대 위에 학습 방법과 학습 전략 및 교육 심리학적인 방법을 이용하여 천재적인 수준까지 이룰 수 있도록 만든 학습 비법입니다. 여기에서 한 가지 알아 둘 것은 인간의 능력이 선천적인 천재성이 눈에 보이지 않는다고 하여도 후천적으로도 천재적인 수준까지 발전할 수 있으며, 잠재적인 수준까지도 도달할 수 있는 능력이 있으므로 이 능력을 키워낼 수 있는 방법으로 누구든지 천재와 같은 능력을 발휘하게 할 수 있다는 것입니다. 이것은 교육자, 과학자, 심리학자들이 책임지고 개발해야 할 부분임을 심리학자들은 역설하고 있습니다.

　본론을 말하자면, **스타킹 심상학습기억법**으로 인간이 가지고 있는 잠재적인 학습 능력을 방법과 훈련을 통하여, 누구든지 정박아가 아니라면 확실한 천재가 되도록 일깨워 줄 수 있습니다.

　흔히 '학습물을 잘 이해하면 기억이 잘될 것'이라고 생각합니다. 이것은 심리학자들의 임상 실험이 없었더라도, 우리의 생활과 경험에서 수시로 경험해 온 사실입니다. 그러나 추상적인 내용이 많은 학습물을 이해하였다고 하여 완전히 기억할 수는 없었습니다. 이해하였는데 왜 기억이 되지 않았을까요? 그리고, 왜 필요할 때에 기억된 사실을 완전히 회생시킬 수는 없을까요? 나아가서 공부한 사실을 오래 동안 잊지 않는다면 얼마나 좋겠습니까? 이것은 대뇌의 생리적 성질을 조금만 이해하면 쉽게 해결할 수 있습니다. 대뇌는 형상으로 기억하는 것을 좋아합니다. 또한, 동시에 감동을 받으면 바로 기억을 합니다. 영화를 보면 기억이 잘되지만, 감동이 없으면 기억이 안되었던 것을 상기해 보면 이해가 될 것입니다. (참고로 거듭 말씀드리자면, 기억이라는 것은 단순한 암기가 아닙니다. 모든 학문은 상상과 이해, 그리고 감동에서 기억이 되는 것입니다.)

스타킹 심상학습기억법을 익히십시오. 감히 저는 **스타킹 심상학습기억법**을 배우기만 하면 모든 학습 내용을 100% 기억을 한다고 주장합니다. 또, 필요할 때에 100% 기억을 재생할 수 있습니다. 학생들과 학부형들의 소망인 성적 향상에 무리하게 매진하지 않으면서도 정서적으로 좋은 성적을 유지할 수 있는 방법이 **스타킹 심상학습기억법**입니다. 다시 강조하지만, 위의 문제의 해결은 인간의 대뇌생리학적인 차원에서, 심리학적인 차원에서, 교육학적인 차원에서 계발된 **스타킹 심상학습기억법**을 익히는 것이 가장 좋은 방법입니다.

스타킹 심상학습기억법은 학습 전략이나 학습 방법 등을 제시하는 데 그치지 않고 수련하여 완전히 익히는 데에 역점을 두었습니다. 여러분이 **스타킹 심상학습기억법**에서 제시한 방법대로만 수련하신다면, 여러분 스스로도 놀랄 만한 두뇌를 가진 사람으로 변모할 것입니다. 단, 어디까지나 부단한 노력으로만이 가능하다는 사실을 잊어서는 안됩니다.

국어, 영어(외국어), 수학, 과학, 지리, 역사, 사회, 법률, 예체능, 생활 상식 등 우리가 필요로 하는 모든 영역에 걸쳐서 보다 뛰어난 생활을 영위하기 위해서는, 두뇌의 활동이 무엇보다도 중요하므로 연구되고 발달된 학습 방법을 익혀야 합니다. 이러한 생활사의 모든 학습을 쉽게 마스터하는 방법을 배우는 것이 **스타킹 심상학습기억법**인 것입니다.

스타킹 심상학습기억법에서 강조하고 싶은 것은, 아무리 기억 능력이 좋아 학업에 활용한다고 해도 심리적인 측면에서 학습 의욕이 부족하고 동기가 불확실하며, 교육적인 측면에서 학습 방법이 나쁘며 생리적인 측면에서 학습 태도가 좋지 못하면 학습의 효과가 없음은 두말할 필요가 없다는 사실입니다.

그러므로, 새 입시 제도에 대응하기 위하여 초등학생, 중학생, 고등학생 모두가 **스타킹 심상학습기억법**으로 무장해야 할 것이며, 성인들도 각처에서 사용하면 더욱 생활이 발전할 것입니다. 왜냐하면 이 **스타킹 심상학습기억법**은 공부하고자 하는 마음이 있다면 학습 의욕을 북돋아 주고 학습 방법을 개선시키며, 태도를 바로잡을 수 있는 길을 알려 주기 때문입니다.

이 **스타킹 심상학습기억법** 과정만 충실히 마스터하고 활용할 수 있는 능력만 지니게 되면, 학습 의욕의 고취는 물론이고 성격 개조를 비롯하여 학업 성적의 향상과 자신감이 넘치는 학습 생활을 영위해 갈 수 있을 것입니다.

스타킹 심상학습기억법은 이론을 실제화하는데 주력하여, 학생·주부·교사·직장인이 각 일터에서 능동적으로 잘 사용할 수 있도록 구성하였으므로, 필자가 이끄는 대로 행하기만 한다면 초인적인 기억 능력을 소유하게 될 것입니다. 또한 **스타킹 심상학습기억법**에서 강조한 것은 이론적인 요소보다도 실제 적용하는 부분에 초점을 맞추어 집필하였기에, 이론적 근거를 너무 염두에 두지 않았으면 합니다. **스타킹 심상학습기억법**의 이론이 현 초·중·고등학교 학생들이 이해하기에는 어려운 부분이 많으므로, 오히려 실제 적용 부분에 주력하면서 이론을 이해하도록 하는 것이 재학생들에게 도움이 될 것입니다.

아울러 SBS방송의 〈놀라운 대회 스타킹〉에 출연한 암기 천재들의 비법을 심층 분석하고 쉽게 알 수 있도록 정리하여 누구든지 암기 천재들보다 더욱 잘 할 수 있도록 길을 열어 놨으니 열심히 수련하기를 바랍니다.

대뇌의 활동과 시냅스

　사람이 가지고 있는 약 140억 개의 뇌신경 세포는 특정의 뇌신경 세포로부터 정보를 받기도 하고 보내기도 하면서 작용합니다. 여기에서 보내고 받고 하는 뇌신경 세포의 특정 부위를 시냅스라고 하는데, 이 시냅스를 통하여 한 개의 뇌신경 세포가 정보를 1000개 이상의 다른 뇌신경 세포에게 전달하기도 합니다. 물론 한 개의 뇌신경 세포가 한 개 또는 수 개의 적은 분량의 뇌신경 세포에게 정보를 전달할 수도 있습니다. 다시 말하면, 이것은 정보 전달의 단일 회로망이 형성되는 것을 말하는 것입니다. 그렇다면, 단일 회로처럼 정보를 전달해 주는 시냅스로 연결되는 뇌신경 세포들은 어떻게 형성될까요? 그것은 일반적으로 100회 이상의 반복되는 학습 활동을 통하여 형성됩니다. 잘못된 습관도 반복된 학습에 의하여 이루어지며, 좋은 습관도 반복된 학습에 의하여 이루어집니다. 이와 같이 일은 대뇌의 신경 세포가 정보를 교환하는 과정을 통하여 통제되거나 조절되는 것인데, 같은 일을 관장하는 뇌신경 세포들의 결속은 100회 이상의 반복된 학습 활동에 의하여 이루어지는 것입니다. 그러므로 보다 나은 습관을 길들이기 위한 반복된 훈련과 효과적인 심리학적 학습 방법을 통하여 누구든지 우수한 능력과 지능을 가진 사람으로 변모할 수 있는 것입니다.

　시냅스는 정보를 한 뇌신경 세포에서 받아 이 정보를 필요로 하거나 함께 관여할 다른 뇌신경 세포에게 전달하여 주는 역할을 합니다. 일종의 정보 도로망 구실을 하는 것인데, 이 정보 도로망인 시냅스는 어떠한 정보든지 모든 뇌신경 세포에 전달해 주는 것은 아닙니다. 다시 말하면, 하나의 정보가 있을 때 그 정보를 필요로 하거나 처리해야 하는 등의 그 정보와 관계있는 뇌신경 세포에게만 전달하는 것입니다. 이것이 반복되면 자동적으로 순간 처리하는 능력이 나타나는데, 이것을 일반적으로 '습관화'되었다고 말합니다.

　습관화되었을 때의 시냅스의 작용을 살펴보면, 같은 일을 하는 뇌신경 세포끼리 단일 도로망으로 연결하여 보다 많은 양의 정보를 보다 신속하게 대뇌가 처리하도록 합니다. 여러분이 아침마다 운동을 계속 지속하여 100회 이상 하게 되면 아침 운동을 느끼는 뇌신경 세포들끼리 정보를 교환하는 형태로 연결하게 되고, 대뇌 뇌신경 세포의 원활한 정보처리 활동에 의해 이것은 결국 습관이 된 상태로 되어 힘들게 느껴지던 아침 운동이 쉽게 느껴지며, 아침 운동을 안 하면 견디기 어려운 아쉬움을 느끼는 상태가 되는 것입니다. 습관화된 모든 행동은 시냅스를 통한 뇌신경 세포들의 활발한 활동의 결과라고 말할 수 있습니다.

그러므로 성적이 우수하지 못한 학생들은 규칙적인 학습보다는 좋지 못한 행동이 습관화되어 시냅스의 정보 활동이 이루어져 있기 때문입니다. 이런 학생들도 100회 이상의 규칙적인 학습 활동을 하면 학습 활동 쪽으로 시냅스를 통한 뇌신경 세포 단일 회로망이 형성되므로, 성적을 올릴 수 있는 능력을 형성할 수 있습니다. 여기에서 알아야 할 사실은, 학습 활동을 방해하는 좋지 못한 습관이 있는 사람은 그 습관에 관여하는 뇌신경 세포보다 학습에 주력하는 뇌신경 세포가 많아지도록 하기 위하여 몇 배의 노력을 더해야 합니다. 새로운 습관을 만들기 위해서는 동기가 분명해야 하며, 목표를 정하여 실시합니다. 또한, 자기 자신에게 포상을 주는 적극적 방법을 선택합니다. 시냅스도 활발하게 활동하지 않으면 감퇴되어 사라지게 됩니다. 따라서 나쁜 습관을 교정하는 것이 아주 어려운 것은 아닙니다.

여기에서 우리는 대뇌 생리학자들의 대뇌 연구를 통하여, 매우 희망적인 사실을 알게 되었습니다. 그것은 우수한 두뇌와 좋은 성적을 내기 위한 일이 일부 뛰어난 두뇌를 가진 사람에게만 부여된 특권이 아니라, 누구든지 특별한 방법과 반복된 노력에 의하여 이룰 수 있다는 사실입니다. 그러나 학습 습관이 좋아져 성적을 올릴 수 있는 사람이 되었다고 하더라도 이미 뒤쳐진 학습량을 쫓아가기란 쉬운 일이 아닙니다. 그러면 이 문제는 어떻게 해결해야 하겠습니까? 이 문제의 해답은 보다 뛰어난 학습 방법과 기술로 공부한 사실을 잊지 않고 축적해 나가는 방법밖에 없다고 생각합니다. 물론 더 열심히 공부하면 된다고 하시겠지만, 그 일이 쉽지 않은 일이란 것을 여러분이 더 잘 아실 것입니다. 이 문제의 해결은 감히 **스타킹 심상학습기억법**의 학습 방법을 터득하지 않으면 안 된다고 말하고 싶습니다. 대뇌 생리학에서 말하는 시냅스의 형성과 **스타킹 심상학습기억법**의 놀라운 학습 비법은 여러분을 천재라 인정하도록 만들어 줄 것입니다.

스타킹 심상학습기억법에서 다루게 되는 학습 비법 및 학습 전략은 독자 여러분에게 큰 의욕을 갖게 해 줄 것입니다.

기억에 대하여

1. 기억의 단계
2. 기억의 종류

기억의 단계

인간이 학습 내용을 처리하고 기억하는 데는 세 가지의 기본적인 단계를 거칩니다.

제1단계는 부호화 단계로서, 외부의 자극(학습 내용)을 받아들이는 단계입니다. 사람의 감각 기관을 통하여 들어온 학습 내용을 대뇌가 알 수 있는 일종의 부호로 바꾸어, 대뇌에 저장하기 위한 기억의 처음 단계입니다.

여기에서 우리가 꼭 살펴봐야 할 것은 감각을 통하여 학습물이 뇌에 전달되는 사실입니다. 뇌가 학습 내용을 인식하게 되면 감정을 느끼게 됩니다. 그래서 확실하게 뇌가 느끼도록 하기 위해서는 인위적으로 감정을 삽입하기도 합니다.

제2단계는 저장 단계로서, 부호로 바꾸어진 학습 내용을 일정 시간 이상 기억으로 유지시켜 주는 단계입니다. 이 단계는 매우 중요한 단계로서 사람의 기억 능력이 '좋다·나쁘다'고 하는 것을 결정지어 줍니다. 그러므로 무의미하며 나열된 학습 내용을 얼마나 기억하기 좋은 상태로 정리할 수 있느냐가 장기 기억의 척도가 될 수 있을 것입니다. 이 기억 능력은 **스타킹 심상학습기억법**에서 개발한 특수한 방법과 기술로써 증진시킬 수가 있습니다.

제3단계는 인출 단계로서, 기억되어 있는 학습 내용을 재생(회상)시키는 단계입니다. 학습 내용을 공부하고 기억을 하였다고 하나, 다시 재생(회상)하지 못한다면 공부한 의미가 없습니다. 따라서 기억을 잘 재생(회상)하려면 기억할 때에 잘 기억해 낼 수 있는 방법으로 기억을 해야 하는 것을 알아야 합니다.

스타킹 심상학습기억법은 제1단계의 과정부터 특수한 방법으로 공부할 수 있게 하여, 제3단계의 기억재생(회상)까지 원활히 처리될 수 있도록 하였습니다. 이것은 심상 4단계에서 구체적으로 다루게 되는 내용으로 **스타킹 심상학습기억법**에서는 〈제1단계 : 기억하는 방법을 선택하기〉, 〈제2단계 : 인출단서를 만들기〉, 〈제3단계 : 심상작업하여 기억하기〉, 〈제4단계 : 기억을 재생하여 확인하기〉로 나누어 수련하게 될 것입니다.

일반적으로, 기억이 잘되고 안 되고 하는 문제는 앞에서 말한 세 가지 단계가 완전하게 잘 처리되지 않아서 나타나는 현상입니다. 어느 한 단계라도 불완전하면 기억 재생(회상)이 잘되지 않을 수 있습니다. 그러므로 정보를 수집하는 부호화 단계에서 저장 기억 단계, 인출 재생 단계에 이르기까지 합당한 방법과 기술로써 잘 처리해야 합니다. **스타킹 심상학습기억법**에서는 이와 같은 방법과 기술을 독자 여러분에게 자세히 가르쳐 줄 것입니다. 독자 여러분은 **스타킹 심상학습기억법**에서 가르치는 대로 열심히 수련하면 원하는 것 이상의 결과를 얻을 것입니다.

기억의 종류

심리학자들이 말하는 기억의 종류를 살펴보면, 순간 기억과 단기 기억, 장기 기억으로 분류합니다. 이것은 기억되어 있는 시간과 기억한 학습물의 양에 의하여 분류한 것입니다. 자세히 설명하면 다음과 같습니다.

순간 기억이란 사람의 감각으로 들어오는 일상적인 학습 내용 또는 정보들을 기억을 했으나, 1초 이내에 사람의 기억에서 사라지는 기억을 말합니다. 오퍼레이터가 원고를 치면서 치고 있는 내용만을 기억하는 경우로서, 글자를 치고 있는 글자는 보아도, 치고 난 글자 및 내용을 전혀 기억해 내거나 이해하지 못합니다. 또, 사람이 일상 생활에서 받아들이는 정보는 하루에 40여만 가지가 넘는다고 합니다. 그러나 그것을 다 기억해 내는 사람은 아무도 없습니다. 이것은 순간적으로 기억을 하고, 사람이 의식하지 못하는 사이에 사람의 기억에서 사라지는 것입니다. 그러므로 순간 기억에서 얻은 학습 내용 또는 정보를 조금 더 오래도록 기억하려면, 관심을 기울여 기억할 수 있는 기억의 실마리를 만들거나 찾아야 하는데, 스타킹 심상학습기억법에서는 이를 '인출단서 만들기'라고 합니다. 이것은 구체적으로는 스타킹 심상학습기억법의 실제 편에서 설명하기로 하겠습니다.

단기 기억이란 순간 기억보다 조금 더 긴 기억의 저장 상태를 말합니다. 이것은 순간 기억에서 얻어진 정보를 수 초에서 수 분까지 기억할 수가 있습니다. 보통은 20초 이내의 기억 상태를 단기 기억의 최하 저장 시간으로 봅니다. Peterson 박사의 연구 결과에서는 약 18초로 주장합니다. 일반적으로 단기 기억의 최대 시간은 수 분까지 한정합니다.

Miler 박사의 연구 저서에서 그는 '사람은 나열된 단어를 보통 5개에서 9개까지 단기 기억 상태로 기억할 수 있다. 기억 능력이 부족한 사람은 3·4개를, 기억 능력이 보통인 사람은 5·6개를, 기억 능력이 뛰어난 사람은 7에서 9개를 기억할 수 있다'고 주장하고 있습니다. 이것은 일반적으로, 사람이 관심을 갖고 기억할 수 있는 항목이 7

±2개임을 말합니다. 그러나 Miler의 또 다른 주장은, 기억하고자 하는 학습 내용이나 정보를 조직화하면 7±2보다도 더 많이 기억할 수 있다고 합니다. 이것은 **스타킹 심상학습기억법**의 방법과 기술들을 이용하여 많은 학생들을 가르쳐 본 결과, 수백 개 이상의 항목까지도 기억할 수 있었던 것으로도 확인된 사실입니다. 이 조직화의 과정을 **스타킹 심상학습기억법**에서는 '심상작업'이라 합니다. 그리고 조직화하는 것을 '심상학습'이라 하여 **스타킹 심상학습기억법**에서 상당히 깊이 있게 다루게 될 내용입니다.

장기 기억은 수십 년까지도 기억할 수 있는 능력으로써, 영구 기억이라고도 합니다. 이것은, 우리가 흔히 기억이 되었다고 말하는 단계로써, 사람이 필요로 하는 시기까지 잘 기억하는 능력입니다. 단기 기억된 정보를 더욱 구체적으로 조직화하거나, 학습 내용을 기억하고자 하는 사람이 스스로 알 수 있는 의미로 변환한 후, 상상하여 기억하면(이것을 심상학습이라고 합니다) 장기 기억 상태로 기억할 수 있습니다. 그렇지만 지금까지 논술한 것만으로 사람의 기억 능력을 표현할 수는 없습니다. 사람이 기억하는 능력은 사람이 가지고 있는 잠재의식의 영향을 받는 심리적 경향이 매우 많기 때문입니다. 예를 들면, 사람은 모두가 너 나 할 것 없이 행복해지기를 원합니다. 그런데 기억하고자 하는 학습 내용이나 정보가 불행한 내용이거나, 마음에 부담을 줄 때, 여기에서 피하고자 하는 마음이 무의식적으로 나타납니다. 따라서 이와 같이 마음에 억압을 하는 내용은 잠재의식이 우선적으로 거부하여 기억에서 사라지게 합니다. 또한, 모든 사람의 느끼는 경우도 다르기 때문에 같은 내용일지라도 모든 사람이 다른 현상을 나타내기도 합니다. 그러므로 기억을 잘하려면 각자 사정에 맞추어 학습 내용을 긍정적으로 변환하거나, 잘 정리하여 저장하여서 인출할 때에 제대로 재생(회상)할 수 있도록 해야 합니다. 이것은 기술적인 방법과 수련으로 해결할 수 있습니다. 앞으로 공부하게 될 **스타킹 심상학습기억법**의 실제 편에서 잘 설명할 것이니 열심히 수련해 줄 것을 다시 한 번 당부합니다.

Photo Mnemonic System
Photo Reading
Study Technics

정신집중호흡법

1. 정신집중호흡법의 목적
2. 정신집중호흡법의 수련 방법

정신집중호흡법의 목적

    수업을 하기 전 정신집중호흡을 하는 것은 매우 중요한 일입니다. 그 이유는 다음과 같습니다.

    ==첫째, 산만해진 정신 상태에서 여러 가지 잡념을 제거하여 주기 때문입니다.== 공부를 하기 전에 있었던 많은 경험과 생각은 공부를 방해하고도 남을 힘을 가지고 있습니다. 이 생각의 잔상을 단절시키고 몸을 평안하게 만들어야 합니다. 모든 잡념에서 벗어나야 학습의 효과를 극대화시킬 수 있고, 안정된 상태에서만이 알파파를 발산하게 됩니다.

    ==둘째, 뇌세포 및 신경 세포가 에너지원으로 필요로 하는 산소의 양을 증가시켜 주며, 혈액 순환을 올바르게 하여 대뇌의 활동을 돕고, 내장의 기능을 강화시켜 자세를 바르게 할 수 있기 때문이기도 합니다.==

    정신집중호흡법은 복식호흡이나 단전호흡의 복잡한 과정을 축소화하여 어린이부터 쉽게 익힐 수 있도록 하였으므로, 누구나 쉽게 활용할 수 있습니다. 잘 수련해 주시기 바랍니다.

정신집중호흡법의 수련 방법

1. 수련 자세

(1) 허리와 가슴을 펴고 바르게 앉는다.
(2) 눈을 감는다.
(3) 온몸의 힘을 뺀다.
(4) 왼손을 오른손 손바닥 위에 놓고, 달걀 쥐는 모양으로 엄지손가락을 맞댄다.
(5) 손을 배꼽 바로 아래(단전)에 갖다 놓는다.
(6) 들이마신 숨은 배로 보낸다.
(7) 등과 배가 붙었다고 느낄 정도로 숨을 천천히 끝까지 내쉰다.

2. 호흡 방법

1단계 : 3초간 숨을 코로 마시고, 3초간 코로 내쉽니다. 들이마실 때에 속으로 '하아', 내쉴 때에 '나아' 하는 식으로 숨을 쉬는 것이 좋습니다. → 7회

2단계 : 6초간 숨을 코로 마시고, 6초간 멈추고, 6초간 입으로 내쉽니다. 하나, 둘, 셋, 넷… 수를 헤아리며 호흡을 합니다. → 5회

3단계 : 온 힘을 다하여 숨을 마시고, 참을 수 있을 때까지 단전에 약간의 힘을 주어 숨을 멈춘 후, 참을 수 있을 때까지 참다가 참기가 힘들 때에 입술을 오므려 천천히 숨을 내쉽니다. → 2회

4단계 : 1단계와 동일합니다. → 5회 이상
1단계와 같이 들이마실 때에 속으로 '하아', 내쉴 때에 '나아' 하는 식으로 숨을 쉬어 주십시오.

	마신다	멈춘다	내쉰다	
제 1 단계	3	–	3	(7회)
제 2 단계	6	6	6	(5회)
제 3 단계	충분히	끝까지	천천히	(2회)
제 4 단계	3	–	3	(5회 이상)

3. 수련 정신

★ 특별한 집중 방법(종교를 가진 사람의 경우) – 조용히 묵상으로 기도하기

　기도는 자신을 안식으로 인도합니다. 자신을 돌아보며, 주님이 도우시기를 바라면서 조용히 기도드립시다. 빠르게 심신이 안정되며 알파파를 발산하게 될 것입니다. 그러면 공부를 잘 할 수 있는 상태가 됩니다. 단 각자가 스스로 하도록 해야 합니다. 대표 기도가 아닌 자기 스스로의 기도를 해야 합니다.

연상결합법

1. 연상결합법의 뜻
2. 연상결합법의 기억 방법
3. 연상결합법의 연습

연상결합법의 뜻

　연상결합법이란 직역하면 '이어서 결합한다.'는 뜻으로 기억하고자 하는 학습 내용을 앞뒤로 서로 연관성 있게 의미를 만들어서 연결하여 기억하는 방법입니다.
　보다 구체적으로 설명하면 사과-비행기-의자-고추가 있을 때, 사과로 비행기를 만들었다. 비행기 안에 의자가 많다. 의자 위에 고추가 있다. 이렇게 하면 사과를 떠올릴 때 자연스럽게 비행기가 생각납니다. 이어서 의자, 고추도 생각나게 됩니다. 이와 같이, 학습 내용의 처음 부분만 생각하면 순서대로 차례대로 생각나도록 기억하는 방법이 연상결합법입니다.

1. 기억을 잘하려면

　이미 인식하고 있는 지식과 상식을 이용하여, 외우고자 하는 학습 내용을 본인이 알고 있는 사실이나 상황과 연관성이 있도록 연결해 주어야 합니다. 이렇게 해서 자기 주도식 학습 능력이 배양됩니다. 자신의 생각과 사상과 이념으로 표현할 줄 아는 학습 능력을 말하는 것입니다. 이렇게 하기 위해선 처음에는 그 방법에 맞춰 수련을 해야 합니다. 얼마나 빨리 연결하여 생각하느냐가 기억을 잘하느냐 못하느냐의 결과가 됩니다. 이 능력을 이용하여 내용을 상상하면 기억이 재생되는 것입니다.

기억을 잘하려면 다음의 과정을 거쳐야 합니다.
　① 기억의 원리에 맞추어 연상을 잘 만들어야 한다.
　　　모든 정보는 오감을 통하여 습득합니다. 시각, 청각, 후각, 미각, 촉각입니다. 그중에서도 뇌세포가 변하여 된 망막 세포를 이용한 시각을 통한 지식 습득이 단연 월등합니다. 전체 정보 습득의 80~90% 이상을 차지하고 있으니 거의 시각을 통한 정보 습득으로 대뇌가 활동하고 있다고 해도 과언이 아닙니다. 따라서 이와 같은 대뇌의 생리 현상을 이용하여 학습을 해야 한다는 결론이 나옵니다. 다시 말하면, 대뇌는 시각을 통하여 정보를 이해하는 것이 다른 감각기관을 통하여 이해하는 것보다 아주 탁월합니다. 심지어 다른 감각 기관을 통하여 들어온 정보라도 시각의 상상하는 기능을 통하여 대뇌가 이해를 쉽게 합니다. 그리고 이해한 내용에 대하여 대뇌가 반응을 보이는데 그것이 감정이나 감각을 느끼는 것입니다. 이렇게 된 학습 내용은 장기 기억 상태로 바뀝니다. 그래서 "눈으로 보고 감정과 감각으로 느껴야 한다."는 것입니다. 기억하고자 하는 학습 내용을 눈으로 볼 수 있게 해야 합니다. 글자로서 보는 것이 아니라 형상으로서 볼 수 있게 하는 것입니다. 이런 대뇌의 생리 현상으로 인하여 자체에서 내가 느낄 수 있는 형상(기억의 인출단서)이 없다면 학습 내용을 기억하기가 상당히 힘듭니다. 그러므로 학습 내용을 기억할 때는 그 학습 내용을 기억하고자 하는 사람이 볼 수 있는 형상(인출단서)을 학습 내용에 부여해야 합니다. **스타킹 심상학습기억법**에서는 이 내용을 각 과정에서 자세히 설명하였습니다.

② 연상한 대로 상상해야 한다.

형상을 주어(인출단서로 바꾸어) 학습 내용을 내가 볼 수 있는 상태로 바꾸었다면, 마음속으로 상상하여 그 형상을 보아야 합니다. 이것은 '百聞이 不如一見'이라는 옛말처럼 백 번을 물어 보아도(들어 보아도) 한번 본 것만 못하다는 것입니다. 대뇌의 생리 현상을 이용해야 한다는 것입니다. 그러므로 형상을 주어 쉽게 기억할 수 있는 상태로 학습 내용을 만들었다고 하여도 꼭 상상하여 그 형상을 보아야 합니다. 중요한 것은, 우리의 대뇌가 추상적이며 형이상학적인 것보다, 형상적인 내용을 잘 받아들인다는 사실입니다. 모든 정보는 대뇌에서 형상적인 기호나 부호 형태로 보관되는데, 학습 내용을 기억할 때부터 형상적인 상태로 생각한다면 상상할 수 없을 만큼 빠르면서도 많은 분량을 기억할 수 있습니다.

③ 감각과 감정을 느껴야 한다.

감각과 감정을 느끼는 것은 대뇌의 반응입니다. 실제로 눈을 통하여 형상을 보든지 상상의 능력을 통하여 느끼든지 상관없이 대뇌가 반응을 보인다면 그 형상은 바로 영구 기억 상태로 바뀝니다. 양념을 잘한 음식도 먹고 느껴야 음식이 맛 좋은지를 아는 것처럼 기억할 수 있는 여건을 만들었다고 하여도 대뇌가 감각적으로 감정적으로 느낄 수 있도록 해야 합니다. 감정과 감각을 느끼면 실제로 있었던 일처럼 현실감을 갖게 되므로, 정확하게 오래도록 기억이 되는 것입니다. 이렇게 하면, 학습 내용을 순간 기억 상태나 단기 기억 상태에서 장기 기억 상태로 전환되어 오래도록 잊지 않고 기억할 수 있습니다.

자세한 것은 **스타킹 심상학습기억법**을 수련하는 과정에서 실제적으로 설명하겠습니다.

2. 스타킹 심상학습기억법의 목적

　스타킹 심상학습기억법을 수련하는 목적은 공부한 학습 내용을 잘 기억하기 위해서이나, 대뇌 생리학적으로 잡념 없이 집중하여 기억한 사실은 장시간 동안 잊지 않는다는 사실에 근거하여, 정확하게 회상하고 오래도록 잊지 않도록 하며 신속하게 기억해야 합니다. 또 나아가서는 보다 나은 학습 성과를 거두기 위한 학습 전략과 학습 기술을 익히는 것입니다. 그러므로 **스타킹 심상학습기억법**의 소극적 목적은 학습 내용을 정확, 장기, 신속하게 기억하는 것이며, 적극적인 목적은 **스타킹 심상학습기억법**을 배우는 학생들을 모든 학습에서 더 뛰어난 능력을 발휘할 수 있는 우수한 인재로 성장시키는 것입니다.

　기억한 사실은 정확해야 합니다. 정확하지 못하면 우리는 그 어떤 공부도 할 필요가 없습니다. 항상 틀리는데 공부를 할 필요가 어디 있겠습니까? 그러므로, **스타킹 심상학습기억법**은 기억한 사실을 필요한 때에 정확히 기억할 수 있는 능력을 키워 줄 것입니다.

기억한 사실을 오래도록 유지하지 못한다면, **스타킹 심상학습기억법**을 배울 필요가 없습니다. 왜냐하면 잊지 않고 오래도록 기억할 수 있는 능력을 배양하기 위하여 **스타킹 심상학습기억법**을 수련하는 것이기 때문입니다.

학습 내용을 기억하는 데 시간이 오래 걸리면, 답답하여 **스타킹 심상학습기억법**의 수련을 좋아할 사람이 별로 없을 것입니다. 또한, 공부하고자 하는 의욕도 생기지 않을 것입니다. 기억은 신속하게 해야 신이 납니다. 우리의 대뇌는 반복된 수련에 의하여 놀라운 능력을 나타냅니다. 기억하는 훈련도 수련에 의하여 놀랍도록 향상될 수 있는 것입니다. **스타킹 심상학습기억법**에서 제시하는 내용이 과장되어 보이지만 그렇지 않습니다. 우리는 현실에서 참 특이하거나 뛰어난 인물들을 많이 대하고 있습니다. 그들이 가진 능력이나 지능들을 우리는 못 가졌지만 의심하지 않습니다. 놀라면서 부러워하겠지요. 이런 신기하고 뛰어난 능력이 우리에겐 없을까요? 있습니다. 있지만 수련을 하지 않아 사용하지 못하고 있는 것입니다. 이제 수련을 통하여 이 능력을 사용해야 합니다. 그리 어렵지 않음을 장담합니다.

스타킹 심상학습기억법의 3대 목적인, 정확, 장기, 신속 기억 능력은 수련을 마치는 날 이미 학습자 여러분의 것이 되어 있을 것입니다. 또한 학습 전략을 세워 모든 학습 분야에서 보다 나은 능력을 발휘하는 사람이 되어 있을 것입니다.

연상결합법의 기억 방법

학습자 여러분이 **스타킹 심상학습기억법**을 제대로 익히려면 차근차근히 쉬운 것부터 익혀 나가야 할 것입니다. 연상결합법에서도 어려운 문장이나 추상적인 학습 내용(창조·기념 등과 같은 단어나 구, 절 이상의 문장 등)보다는, 쉬운 형상 단어(집·기차 등)나 물질명사(사과·흙 등)부터 기억해 나가는 것이 쉽게 **스타킹 심상학습기억법**을 익힐 수 있게 됩니다.

연상결합법은 기억하고자 하는 학습 내용의 첫 번째와 두 번째 학습 내용을 연상시킨 후, 다시 두 번째와 세 번째 학습 내용을 연상시키고, 또다시 세 번째 학습 내용과 네 번째 학습 내용을 계속 연상시켜 기억하는 방법입니다. 따라서 처음 학습 내용만 생각하면 나머지 학습 내용도 자연스럽게 생각나게 하는 학습 방법입니다. 다음 내용을 참조하면 이해가 쉬울 것입니다.

 고구마-할머니-가방-무지개-사탕을 기억해 보자!

고구마와 할머니 : 커다란 고구마를 잡수시는 할머니를 재미있게 상상한다.

할머니와 가방 : 할머니께서 가방에 들어가시는 상상을 한다.

가방과 무지개 : 가방 속에서 무지개가 쏟아져 나온다.

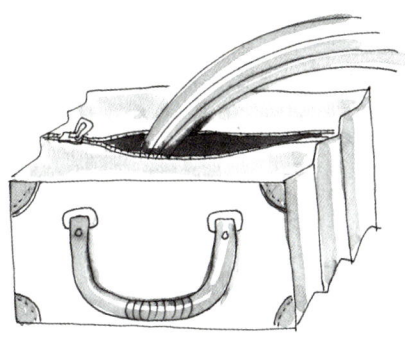

무지개와 사탕 : 무지개 위로 사탕이 굴러다닌다.

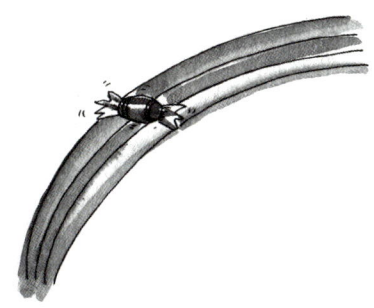

 이상과 같이 학습 내용과 학습 내용 사이에 서로 관계가 맺어지도록 뜻을 만들고 과장되거나 재미있게 상상하면 감각과 감정을 느끼게 됩니다. 이렇게 되면 장기 기억 상태로 전환되어 오랫동안 잊지 않게 됩니다.

이해한 것만으로 기억되는 것이 아니므로
스타킹 심상학습기억법을
심상학습 원리대로
충분히 수련해야 할 것입니다.

스타킹 심상학습기억법의 목적

첫째   정확하게 기억한다.
둘째   오래도록 기억한다.
셋째   신속하게 기억한다.

연상결합법의 연습

왼쪽에 나와 있는 단어들을 오른쪽에 설명한 내용대로 상상하면서 느껴봅시다.

1. 연상결합법 수련 ❶

감자	감자 위에 장미가 피었습니다.
장미	장미 속에서 참새가 잠을 잡니다.
참새	참새가 전화기 속으로 들어갑니다.
전화기	전화기 속에서 사전이 나옵니다.
사전	사전을 로봇이 보고 있습니다.
로봇	로봇이 하늘 위에서 떨어집니다.
하늘	하늘에 버스가 지나갑니다.
버스	버스를 할머니께서 운전하십니다.
할머니	할머니께서 태극기 속에 파묻히셨습니다.
태극기	

이제 정확히 기억되어 있는지 확인하겠습니다. 위의 내용을 보지 말고 아래 질문에 답변하여 봅시다.

감자 위에 피어 있는 것은 무엇입니까? _____
장미 속에서 잠을 자는 것은 누구입니까? _____
참새는 어디로 들어갔습니까? _____
전화기 속에서 나온 것은 무엇입니까? _____
사전을 누가 보고 있습니까? _____
로봇은 어디에서 떨어집니까? _____

하늘에 있는 것은 무엇입니까? _____
버스를 누가 운전하십니까? _____
할머니께서 어디에 파묻히셨습니까? _____

2. 연상결합법 수련 ❷

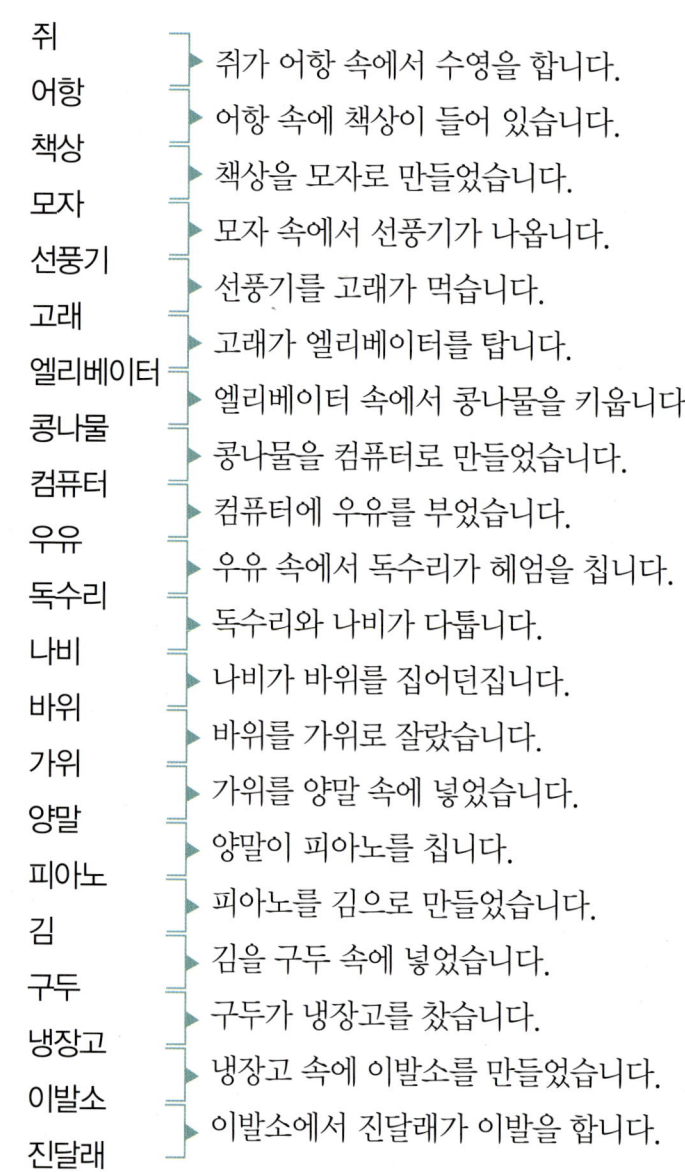

연상결합법 수련 1과 같이 생각하여 기억이 되었는지 확인하십시오.

다음 페이지에 기록하여 보세요. 기록하다가 생각이 안나면 보고 써도 됩니다. 본 단어는 쓰면서 네모 해 주세요.

여러분은 여기에서 자신이 얼마나 기억을 잘하고 있는지에 놀라워 할 것입니다. 바로 여러분 자신에게서 가능성이 있음을 느낄 것입니다. **스타킹 심상학습기억법**을 수련하는 동안 더욱 놀라운 체험을 많이 하게 될 것입니다.

그러나 기뻐만 할 수 없습니다. 이 정도는 방법만 알면 누구든지 할 수 있기 때문입니다. **스타킹 심상학습기억법**은 현재 학습자 여러분이 가지고 있는 지능을 더욱 높여, 어떠한 학습 내용이라도 짧은 시간 동안에 기억할 수 있도록 할 것입니다.

스타킹 심상학습기억법을 차근차근히 수련하면 고난이도의 학습 내용이라도 어려움 없이 기억할 수 있는 능력을 터득하게 될 것입니다. 이왕 시작한 것 끝까지 끈기 있게 수련하여 하나님이 원하시는 뛰어난 두뇌의 소유자가 되기를 바랍니다.

수련 2의 내용을 기록하세요.

Photo Mnemonic System
Photo Reading
Study Technics

연상결합법의 수련

1. 연상결합법의 수련문제
2. 기억할 때의 주의 사항

수련은 매우 중요합니다. **스타킹 심상학습기억법**의 기법과 기술을 알고 있다고 하더라도 반사적으로 사용하기 위해서는 수련을 통하여 습관이 되도록 해야 합니다. 매우 지식이 박식하여 **스타킹 심상학습기억법**을 잘 이해하였다고 하더라도, 수련을 쌓지 않아 신속하게 **스타킹 심상학습기억법**을 사용하지 못한다면 50%도 터득하지 못한 것입니다. 여러분께서는 이 점을 명심하시고, 이 책에 나와 있는 모든 수련문제뿐만 아니라 학교에서 배우는 내용도 응용해서 수련하여 실제적인 실력을 갖추기를 바랍니다.

연상결합법의 수련문제

수련문제 1 다음을 연상결합법으로 심상하여 기억하시오.

하늘	은행잎	고릴라	퉁소	겉옷
바위	가죽옷	얼룩말	땅콩	의자
꽃	주머니	샘물	수건	반석
사자	사과	활	인형	모자
구름	소나무	가죽신	성탄절	이빨
신발	갈비뼈	책받침	비	가위
불	강물	이불	강아지	머리
양	창	천막	은행	거울
군대	무지개	교회	우산	장갑
기름	비둘기	개	종이	지팡이

수련문제 2 다음을 연상결합법으로 심상하시오.

마늘	대리석	달	전차	이발소
과자	마차	호랑이	실	마차
사진	잔디	나물	장갑	새벽별
사자	소	안경	말	개나리
왕	오소리	밥상	수레	고양이
말	그물	지렁이	선생님	소금물
화살	시금치	필통	도장	부채
동전	산	상자	손수건	폭포
그네	지구	차돌멩이	자석	축구공
밥상	태극기	오징어	바위	책

수련문제 3 다음을 연상결합법으로 심상하여 기억하시오. (100초 만점)

감자	발가락	양말	토끼	고무신
목도리	와이셔츠	쓰레기통	자라	조개
귀걸이	껌	구름	풍선	바지
오디오	바가지	장난감	눈	손바닥
안테나	컵	인형	남자	헬리콥터
하늘	호텔	그네	호랑이	공책
벨트	이삭	커피	축구공	사진
스키	부인	주걱	카세트	운동화
병아리	지게	장기	숙제장	그릇
자전거	부엌칼	주머니	실	교회
아기	코트	개미	장갑	간장
카드	사다리	옹달샘	구렁이	주전자
곰탕	자가용	전철	비누	택시
보석	돼지	꿩	가방	동굴
스케이트	팔찌	침대	녹음기	천사
반지	사탕	시내	손가락	이끼
구두	라디오	산	반찬	찌개
시계	닭	책	기린	청첩장
사자	고양이	다람쥐	사과	전등
단풍	지렁이	컴퓨터	라면	유리

기억할 때의 주의 사항

1. 망설이지 말 것 – 잡념 제거

대뇌생리학의 측면에서 보면, 서로 결합을 시킨 상태에서 어떤 상상을 떠올릴 때 가장 먼저 떠오르는 생각이 대뇌가 가장 기억하기 쉬운 것임을 알 수 있습니다. 그러므로 먼저 떠오르는 생각으로 기억하는 것이 가장 지혜로운 기억 방법인 것입니다. 또한, 많은 대뇌생리학적 실험을 통하여 사람은 도저히 동시에 두 가지 이상의 생각이나 일에 집중할 수 없다고 밝혀졌습니다. 따라서 어떻게 기억할까? 하고 망설이거나 여러 가지 생각을 떠올리면, 텔레비전 화면에 두 개 이상의 화상이 겹쳐져서 무엇인지 알아보지 못하는 현상처럼 되므로, 처음 떠오른 생각으로 신속하게 심상하여야 정확하게 기억이 되는 것입니다.

2. 되돌아가지 말 것 – 시간 지연

학교에서 배우는 교육 방법으로는 학습 내용을 한 번만 보고 기억할 수 없습니다. 대부분의 학생들이 학교에서나 집에서 많이 보고, 쓰고, 듣고, 읽으면서 반복만이 공부의 변할 수 없는 진리인 줄 알고 반복 위주의 공부를 해왔습니다. 그래서 **스타킹 심상학습기억법**을 배우는 중에도 습관적으로 조금 진도가 나가면, 앞부분에 신경이 쓰여 자연스럽게 되돌아가서 확인을 하게 됩니다. 그러나 **스타킹 심상학습기억법**을 터득하기 위해서는 이 점을 주의하여야 합니다.

우리의 약 140억 개의 뇌세포의 능력은 우리가 알고 있는 것보다 상상할 수 없는 능력을 가지고 있습니다. 중요한 것은 뇌의 주인인 본인이 얼마만큼 뇌의 능력을 믿고 있느냐에 따라서 능력을 발휘하느냐 못하느냐의 결과가 주어지는 것입니다. 뇌도 주인의 습관적인 생각에 의해 조절됩니다. 여러 번 반복해서 공부하는 것이 습관이라면 그 습관대로, 한 번만 봐도 공부를 마치는 것이 습관이라면 이런 습관대로 반응하는 것입니다. 그러므로 현재의 여러분의 상식화된 습관을 버리고, **스타킹 심상학습기**

억법에서 주장하는 대로 실행하여 주기를 바랍니다. 다시 강조하지만 앞에 기억한 것을, 끝까지 처리하기 전에 확인하기 위하여 되돌아가는 것은 절대 금물입니다. 이것은 결국 잡념이 생겨 집중이 되지 않는 것은 두말할 것도 없고, 시간도 지연이 되므로 아무런 유익이 되지 않습니다. 이것은 점 한 개가 있는 백지 위에 또 다른 여러 개의 점을 찍어 원래의 점을 알아 볼 수 없게 되는 것과 같은 현상입니다.

3. 가능한 한 신속하게 진행할 것 – 정신 집중

그러므로, 가능한 한 신속하게 진행하여 잡념이 들어갈 기회를 주어서는 안 됩니다. 다시 강조하지만, 기억하기 위하여 상상하고 감각과 감정을 느끼는 것은 1번이면 됩니다. 이렇게 훈련을 하게 되면, 여러분의 뇌는 학습 내용을 1회에 받아들일 수 있는 능력을 갖게 됩니다.

4. 학습 내용은 접합된 상태로 심상할 것 – 심상 기억

다시 강조하지만, 학습 내용은 만들어진 의미(이것을 인출단서라 합니다)와 연상시킬 때, 접합된 상태로 심상하여 어느 한쪽만 생각해도 같이 생각나도록 해야 합니다. 여러 가지 형태의 적용 과정은 뒤에 가면서 자연스럽게 배우게 될 것입니다. 앞에 있는 단어와 뒤에 나오는 단어가 서로 밀착되거나, 서로의 성질이 섞이도록 상상을 해야 됩니다.

아리스토텔레스도 주장했듯이, 같이 붙어 있는 것은 대뇌가 생리적으로 같이 인지하게 되는 것입니다. 그러므로 기억을 할 때에 단어나 학습 내용을 서로 밀착된 모양으로 상상하는 것이 기억을 재생하는 데에 효과가 있는 것입니다.

학습할 때에, 대뇌의 생리적 현상을 잘 연구하면서 공부한다면 아마도 1등을 하지 못하는 사람이 없을 것입니다. 괜한 허풍이 아니냐는 비난을 받을 수 있겠지만, 대뇌생리학과 인지심리학에서 주장하는 학습 기술은 공부를 하고자 하는 사람에게는 우선적으로 연구하고 터득해야 하는 분야임을 재삼 강조합니다.

스타킹 심상학습기억법은 대뇌생리학과 교육심리학, 인지심리학을 근거로 만들었음을 알려 드립니다.

★ 주의 사항을 참고하여 연상한 상태를 기록하여 보십시오.

버드나무 – 병아리 :

병아리 – 인절미 :

인절미 – 군인 :

군인 – 축구공 :

축구공 – 책받침 :

책받침 – 사다리 :

사다리 – 호랑이 :

호랑이 – 금메달 :

금메달 – 두꺼비 :

두꺼비 – 훌라후프 :

훌라후프 – 트럭 :

트럭 – 지하철 :

지하철 – 안경 :

안경 – 형광등 :

형광등 – 거북선 :

거북선 – 독수리 :

독수리 – 인삼차 :

인삼차 – 소나기 :

소나기 – 기름 :

기름 – 비옷 :

비옷 – 강아지 :

강아지 – 신사 :

신사 – 김치 :

김치 – 돌고래 :

돌고래 – 수수깡 :

수수깡 – 신발장 :

신발장 – 놀이터 :

놀이터 – 구렁이 :

구렁이 – 한강 :

한강 – 침팬지 :

침팬지 – 밀가루 :

밀가루 – 군고구마 :

군고구마 – 가방 :

가방 – 말안장 :

말안장 – 교회 :

교회 – 산삼 :

산삼 – 자가용 :

자가용 – 떡볶이 :

떡볶이 – 백열전구 :

백열전구 – 소나무 :

소나무 – 가로등 :

가로등 – 카펫 :

카펫 – 초콜릿 :

초콜릿 – 껌 :

껌 – 과자 :

과자 – 진달래 :

진달래 – 배 :

배 – 도화지 :

도화지 – 부츠 :

부츠 – 콩나물 :

앞의 수련문제 단어들을 순서대로 적어보세요.
단어가 기억나지 않으면 보고 써도 됩니다. 보고 쓴 것은 꼭 네모 치세요.

연상결합법의 기초 학습 응용

1. 이야기식 연상결합법
2. 학습 응용

이야기식 연상결합법

　연상결합법은 고리식 연상결합법과 이야기식 연상결합법으로 나누어집니다. 고리식 연상결합법은 앞에서 배운 것과 같이 고리를 엮어 나가듯 앞부분과 다음 부분을 연결하여 기억하는 방법이고, 이야기식 연상결합법은 학습 내용을 이야기로 엮어 기억하는 방법입니다. 일반적으로 학습 응용에서는 이야기식 연상결합법을 사용하는 것이 용이할 때가 많이 있습니다.

　이야기식 연상결합법이란 학습 내용을 소재로 하여 짜임새 있게 줄거리가 있는 이야기로 만드는 방법입니다. 예를 들면, 고구마 – 할머니 – 가방 – 무지개 – 사탕을 기억할 때에 "고구마를 드시던 할머니께서 가방 속에 있는 무지개 사탕도 꺼내 드신다"와 같이 연상하는 것입니다.

★ **이야기식 연상결합법의 주의 사항**
　① 연상하여 기억할 때에 남에게 보여 줄 생각으로 만들거나 객관성을 지나치게 강조하지 말아야 합니다. 이렇게 되면 기억하는 시간이 많이 소비될 뿐만 아니라, 정신적인 부담감도 함께 작용하여 에너지 낭비가 많아집니다. 이렇게 되면 아무리 **스타킹 심상학습기억법**이 뛰어난 학습법이라도 공부하기가 싫어집니다. 그러므로 잠재의식의 활동과 자기 자신이 가지고 있는 지식(이성)과 느낌(감성)에 따라 만들어지는 생각으로 연상 처리하고, 이것은 자기 자신만 알고 있으면 됩니다. 창의력과 사고력을 높이려면 자기 자신의 내부에서 떠오르는 생각으로 연상하고 심상해야 합니다. 일반적인 교육에서는 가르치는 선생님이나 부모님께서 창의적으로 생각하는 부분까지도 학생들의 힘을 덜어 주고 쉽게 이해시켜 준다는 친절한 생각에서 그분들의 생각을 심어 주려 합니다. 이것은 가르침을 받는 사람의 장래와 국가의 장래를 발전성 없게 만드는

매우 위험한 교육 방법입니다. 항상 깊이 사고할 수 있게 하고, 자기만의 창의적인 생각을 현실화할 수 있도록 격려와 사랑으로 이해하고 이끌어 주어야 합니다.

② 반드시 뜻을 만들어 의미화하면(연상), 꼭 그 상황을 상상하여 감각과 감정을 통해 느껴야 합니다(심상). 의미가 주어진 상상에서 실제적인 감정이나 감각을 느끼면 기억된 학습 내용을 재생하기가 매우 쉽기 때문입니다. 감정과 감각을 느꼈다는 것은 현실적으로 자극을 받았다는 것입니다.

③ 이야기를 만들어 연상 기억할 때는 학습 내용의 순서대로 만드는 것을 원칙으로 합니다. 학습 내용을 본인의 생각대로 편하게 순서를 바꾸어 기억하는 것은 쉬운 일입니다. 그러나 순서를 바꾸지 않아도 이야기를 만들어 나갈 수 있다면, 대단한 창의력과 사고력을 가진 것입니다. 그러므로 여러분은 두뇌를 계발하기 위해서라도 순서를 바꾸지 않고 이야기를 연상하도록 해야 합니다. 그렇지만 필요할 때에 혼선의 문제가 되지 않으면 학습 내용의 순서를 바꾸어도 됩니다.

④ 수련 능력에 따라 많은 양의 학습 내용을 이야기식 연상결합법으로 처리해 나갈 수 있으므로, 기회가 되는 대로 연습해야 합니다. 연습의 양에 따라 능력의 차이가 생기는 것임을 꼭 명심해야 합니다. 일반 기억법을 실패하는 모든 사람들을 보면 연습을 게을리 하는 사람과 생각하기를 싫어하는 사람들이었습니다. 지금의 자기 자신보다 수십·수백 배 발전되는 상태로 변화되는데, 노력이 없다는 것은 말도 안 되는 일입니다. 보다 더 나은 상태를 위하여 더욱 노력하십시오. 10개 이하의 단어를 기억하던 사람이 100개 이상도 기억할 수 있는 능력으로 변모할 수 있습니다. 이야기식 연상결합법으로 기억할 단어의 수를 최하 50개 이상으로 확장하십시오. 타의 추종을 불허하는 뛰어난 두뇌의 소유자가 될 것입니다.

⑤ 특히, 낱말 공식을 이용한 역사 연대 기억법에서 4번과 같은 문제가 많이 발생하므로, 특별한 주의를 기울여야 할 것입니다.

수련문제 1 다음을 이야기식 연상결합법으로 심상하여 보시오.

나팔 · 감자 · 나비 · 고양이 · 연필 · 바다 · 버스 · 과자 · 컴퓨터 · 그네

나팔 속에 감자를 숨긴 나비가 고양이한테 연필을 빌렸다. 그리고 바다를 향해 가는 버스를 타고 그 안에서 과자를 먹으며 컴퓨터로 그네를 그린다.

확인 나팔 감자 나비 고양이 연필 바다 버스 과자 컴퓨터 그네

수련문제 2 다음을 이야기식 연상결합법으로 심상하여 보시오.

사진 · 김밥 · 고래 · 수제비 · 볼펜 · 지구 · 기차 · 신발 · 소나기 · 잔디

수련문제 3 다음을 이야기식 연상결합법으로 심상하여 보시오.

허수아비 · 진달래 · 학교 · 탱크 · 지네 · 비 · 사과 · 의사 · 은행 · 기타 · 병아리 · 스키 · 인형 · 셔츠 · 만년필 · 열쇠 · 신발 · 아기 · 라디오 · 식탁

수련문제 4 다음을 이야기식 연상결합법으로 심상하여 보시오.

고릴라 · 사탕 · 인삼 · 지구 · 석탄 · 택시 · 연 · 사진 · 인형 · 토끼 · 자전거 · 진달래 · 왕자 · 무지개 · 소금 · 복숭아 · 전화기 · 기름 · 종이 · 차돌멩이

학습 응용

아직 응용을 할 때는 아닙니다. 다만 어떻게 응용하는지에 대해서 약간 맛보기로 정리해 봅니다. 참고만 하세요.
이야기식 연상결합법을 이용하여 간단한 학습 응용을 해보겠습니다.

1. 생활과 관계 깊은 글 : 일기문, 편지, 보고문, 기행문, 설명문
　　　　　　　　　　　　일기　　편지　　보고　　기행문　　설명

> 내가 생활 일기를 쓰는 이유는 친구가 보내 준 편지를 보고 기행문에 대한 설명을 하기 위해서이다.

2. 품사의 종류 : 조사, 관형사, 부사, 대명사, 명사, 수사, 동사, 형용사, 감탄사
　　품격　　　　저　　관부　　　대명사수　　　동생　　형　　감탄

> 저 관부에 품격 높은 대명사수가 있는데 동생이 형보다 뛰어나서 감탄이 나온다.

3. 시의 내용적 요소 : 소재, 제재, 주제, 심상
　　　　시내 (시냇물)　　　소　　재주넘기　　심상

> 시냇물 속에서 소가 재주넘기를 하는 것이 심상치 않다.

4. 시의 형식적 요소 : 시어, 시행, 연, 운율
　　　　시험　　　　쉬어라 시행착오 연속 울지 말고

> 시험에서 연속으로 시행착오를 일으켰다고 울지 말고 쉬어라.

5. 열의 이동 : 전도, 대류, 복사
이동하는 열차   전도   대류   복사

대륙을 이동하는 열차 안에서 전도하는 목사님의 사진을 찍어 여러 장 복사했다.

6. 각 지방의 특징
① 부여, 금산 – 인삼
부동산 할아버지들이 인삼으로 몸보신을 하신다.
② 예산, 충주 – 사과
예산이 충분치 않아 사과를 못 샀다.
③ 충주, 음성 – 잎담배
잎담배를 너무 피워 충치가 생겨 음성이 나오지 않는다.
④ 태안반도 연안 – 양식, 천일제염, 간척 사업
양심 없는 간첩이 천일 동안 염치없이 숨어 살다가 안경테를 반쪽 내고 도망 갔다.
⑤ 충주 – 남한강 수운 종점
충절이 남다른 남자가 한강에서 수훈을 세우고 인생을 종쳤다
⑥ 제천 – 태백선, 중앙선, 충북선 등 철도 교통의 요지
폐백을 드리던 신부가 철도 없이 '고통은 이 정도면 충분하다'면서 사람들을 제치고 중앙에 앉아 식사를 한다.
⑦ 여천 일대, 광양만 – 중화학 공업
광야에서는 여전히 중이 화학 실험을 하고 있다.
⑧ 광주 – 섬유, 자동차 공업
광나는 섬유질로 자동차를 만든다.
⑨ 군산 – 제지·합판 공업, 호남평야의 문호, 중국과 외국과의 교류
중국과 외국의 합작을 막는 호남아들의 군사적 저지 운동이 한창이다.
⑩ 이리, 영주, 순천, 김천 – 교통의 요지
교통 순경이 순 김만 싣고 가는 영구차를 이리로 오라고 해서 영구차가 왜 김만 싣고 가느냐고 야단친다.

고리식 연상결합법을 이용하여 다음 학습 내용을 기억하여 보겠습니다.

1. 에너지를 가진 것

열, 빛, 소리, 전지, 석탄, 석유, 높은 곳(高地)에 있는 물체(物體)

연상) 애가 넘어져 열을 낸다.
열 속에서 빛이 보인다.
빛보다 빠른 소리는 없다.
소리는 전지를 이용하여 낸다.
전지는 석탄을 원료로 쓴다.
석탄에서 석유를 뽑아낸다.
석유로 고물을 닦는다.

2. 식물의 조직

분열조직, 표피조직, 유조직, 기계조직, 통도조직

① 분열조직 – 표피조직 : 분열된 표피
② 표피조직 – 유조직 : 표피에 우유(유조직)를 부었다.
③ 유조직 – 기계조직 : 우유(유조직) 속에서 기계가 나온다.
④ 기계조직 – 통도조직 : 기계로 통로(통도조직)를 막았다.

수련문제 1 이야기식 연상결합법으로 기억하여 보시오.

동물의 조직 : 상피조직, 결합조직, 근육조직, 신경조직

수련문제 2 고리식 연상결합법으로 기억하여 보시오.

눈의 구조 : 각막, 공막, 맥락막, 홍채, 수정체, 모양근, 진대, 망막, 황반, 맹점

Photo Mnemonic System
Photo Reading
Study Technics

기초결합법

1. 신체를 이용한 기초결합법
2. 집을 이용한 기초결합법
3. 기초장을 이용한 기초결합법
4. 기초장을 이용한 기초결합법의 연습

기초결합법이란 학습자가 이미 알고 있는 형상적인 사실을 환경(기초장)으로 지정한 후, 이 환경에 일정한 위치와 순서를 정하여 기억하고자 하는 학습 내용을 상상하여 결합시키는 기억 방법입니다. 이미 알고 있는 형상적인 사실, 다시 말하면 학습자가 결코 잊어버릴 수 없는 사물이나 장소, 또는 학습자가 형상화할 수 있는 개념을 기초로 정하여 이 기초에 학습 내용을 연상하여 결합시킨 다음, 이 기초만 떠올리면 자연스럽게 결합된 학습 내용이 떠오르게 하는 기억 방법입니다. 이것은 아리스토텔레스가 주장한 '함께 있는 법칙'으로 바늘(기초) 하면 바늘과 항상 같이 있는 실(학습 내용)이 떠오르고, 전쟁(기초) 하면 전쟁에서 흔히 보는 군인·무기(학습 내용)가 떠오르는 기억 현상을 이용한 기억 방법입니다.

> 전쟁(기초) – 군인·무기(학습 내용)
> 바늘(기초) – 실(학습 내용)
> 기초와 학습 내용이 연결되도록 의미를 주어 결합하면,
> 기초만 생각해도 학습 내용이 떠오른다.

이와 같은 대뇌의 생리적 현상을 이용하여 학습 내용을 빠른 시간 동안에 많은 양을 기억할 수 있게 만든 교육 방법이 기초결합법인 것입니다.

연상결합법도 기초결합법과 그 원리는 같으나, 연상결합법과는 달리 기초결합법은 기초 하나에 학습 내용 한 가지만 결합하여 기억하는 단순한 방법이므로, 잘 익히면 연상결합법보다 부담 없이 학습 내용을 기억할 수 있습니다. 그러므로 심리적인 측면에서 학생들에게 큰 도움이 되는 기억 방법입니다.

기초결합법의 환경은 기초로서 정해 놓은 기초장과 개별적인 내용만을 위한 특수장, 즉석에서 기억하고 지울 수 있는 즉석장으로 나누어집니다. 학습의 전 과정에서, 또 생활 속에서 많이 이용하는 기억 방법이므로 열심히 수련하여 좋은 결과를 이루기 바랍니다.

그러면, 우리 생활 주변에서 쉽게 찾아 쓸 수 있는 기초장을 만들어 보기로 하겠습니다. 먼저 신체를 이용하고, 그 다음은 우리들이 사용하는 집을 이용하여 기초장을 만들어 기초결합법 연습을 해보기로 하겠습니다.

신체를 이용한 기초결합법

① 머리 ② 이마 ③ 눈썹 ④ 눈 ⑤ 귀 ⑥ 코 ⑦ 인중 ⑧ 입 ⑨ 턱 ⑩ 목

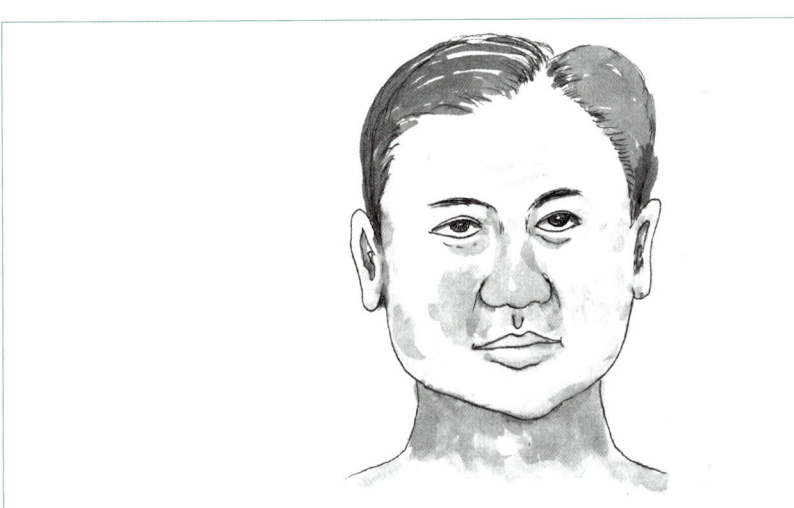

얼굴의 구조를 모르는 사람은 없을 것입니다. 여기에 다음과 같은 학습 내용을 결합해 보겠습니다.

① 사과 ② 먹물 ③ 배추 ④ 인형 ⑤ 연필 ⑥ 고래 ⑦ 가위 ⑧ 감자 ⑨ 선인장 ⑩ 책상

중요한 사실은 기초결합법에서도 기억의 3단계인 1. 뜻을 만들고, 2. 상상하고, 3. 느껴야 하는 과정이 적용된다는 것입니다. 원리에 따라 기억해 보겠습니다. 실제로 눈으로 보듯이 현장감 있게 상상하고 느끼면 기억이 잘될 것입니다. 기억이 잘되지 않았다면 생생하게 상상하였는지를 생각해 보기를 바랍니다.

① **머리 – 사과**

머리에 사과가 열렸습니다.

② **이마 – 먹물**

이마에 먹물을 칠했습니다.

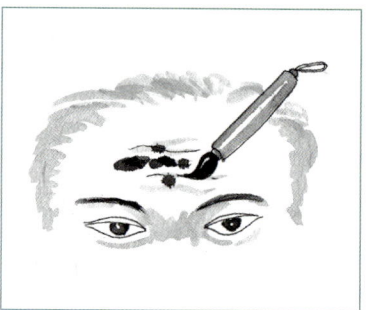

③ **눈썹 – 배추**

눈썹에 배추가 매달렸습니다.

④ **눈 – 인형**

눈에서 인형이 나옵니다.

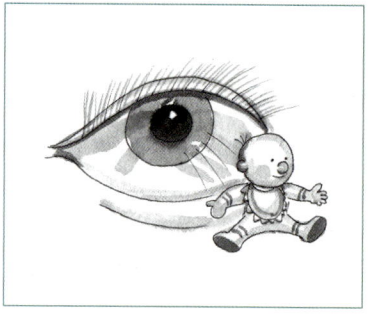

⑤ **귀 – 연필**

귀에 연필을 꽂았습니다.

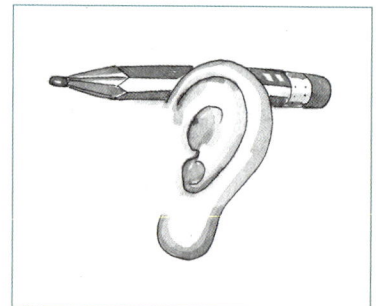

⑥ 코 – 고래

코에서 고래가 나옵니다.

⑦ 인중 – 가위

인중에 가위가 붙어 있습니다.

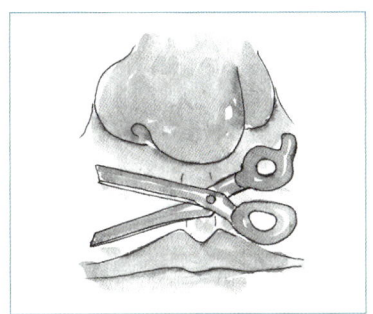

⑧ 입 – 감자

입이 감자로 막혀 있습니다.

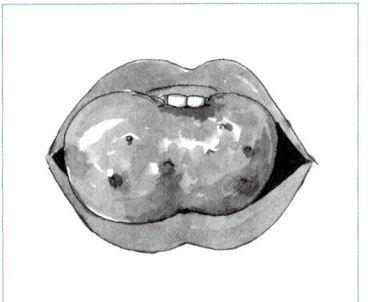

⑨ 턱 – 선인장

턱에서 선인장이 자랍니다.

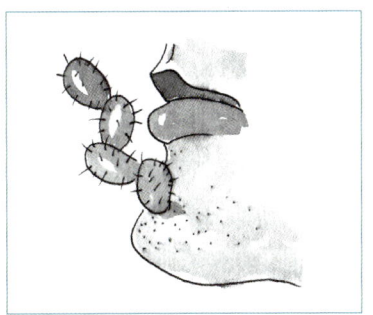

⑩ 목 – 책상

목에 책상을 걸어 두었습니다.

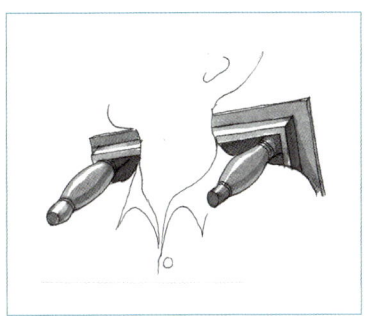

지금까지 공부한 내용이 기억이 되는지 점검해 보겠습니다.

1. 머리에 열린 것이 무엇입니까? (   )
2. 이마에는 무엇을 칠했습니까? (   )
3. 눈썹에 매달려 있는 것은 무엇입니까? (   )
4. 눈에서 나오는 것은 무엇입니까? (   )
5. 귀에 꽂아 둔 것은 무엇입니까? (   )
6. 코에서 나오는 것은 무엇입니까? (   )
7. 인중에 붙어 있는 것은 무엇입니까? (   )
8. 입은 무엇으로 막혀 있습니까? (   )
9. 턱에서 자라는 것은 무엇입니까? (   )
10. 목에 걸쳐 있는 것은 무엇입니까? (   )

⑪ 어깨 ⑫ 알통 ⑬ 팔뚝 ⑭ 손등 ⑮ 손가락 ⑯ 가슴 ⑰ 갈비뼈 ⑱ 배 ⑲ 배꼽 ⑳ 허리

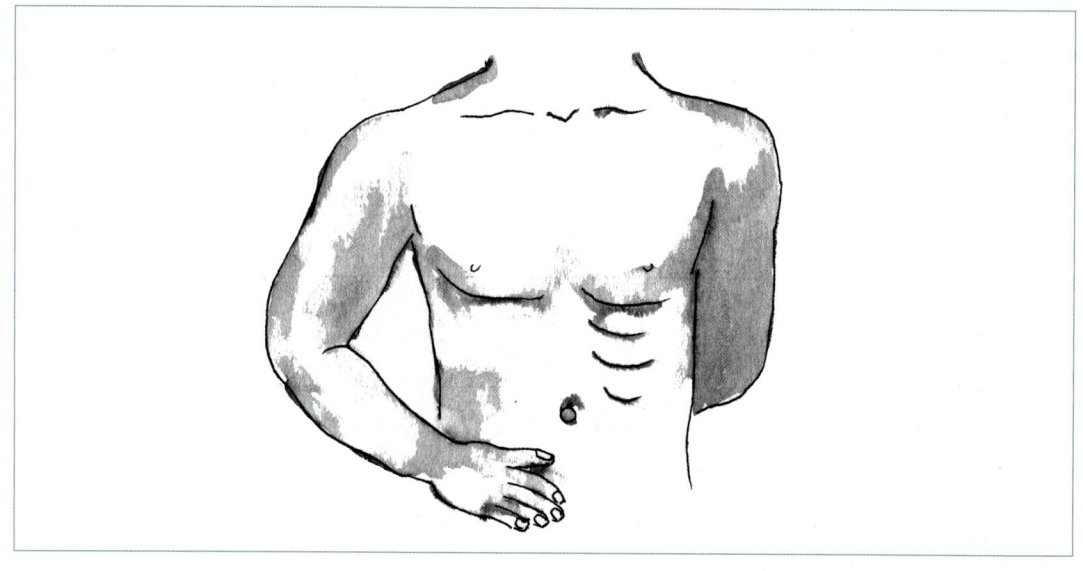

⑪ **어깨 – 바위**

어깨 위에 바위를 올려놓았습니다.

⑫ **알통 – 전화기**

알통에 전화기가 걸려 있습니다.

⑬ **팔뚝 – 안경**

팔뚝에 안경을 매달아 두었습니다.

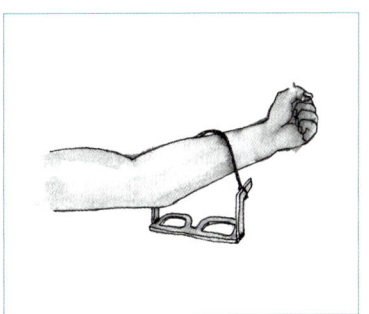

⑭ **손등 – 거울**

손등을 거울로 만들었습니다.

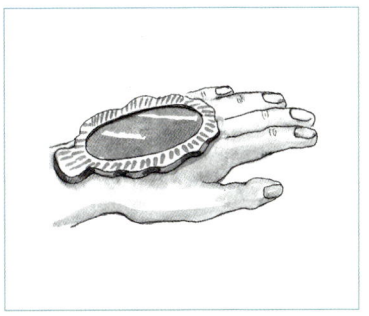

⑮ **손가락 – 선풍기**

손가락이 선풍기가 되어 돌아갑니다.

⑯ 가슴 – 망치
가슴을 망치로 쳤습니다.

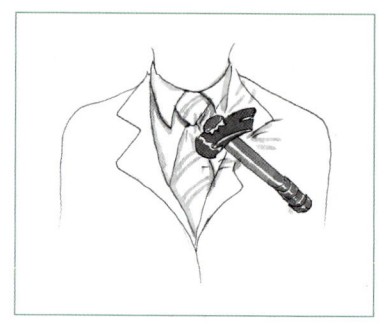

⑰ 갈비뼈 – 식빵
갈비뼈는 식빵으로 만들었습니다.

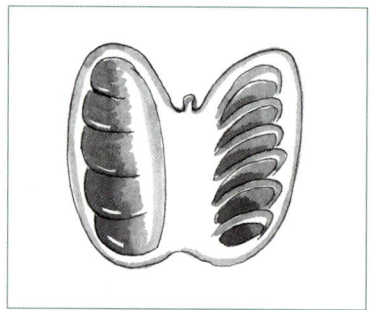

⑱ 배 – 오징어
배 위에 오징어가 기어다닙니다.

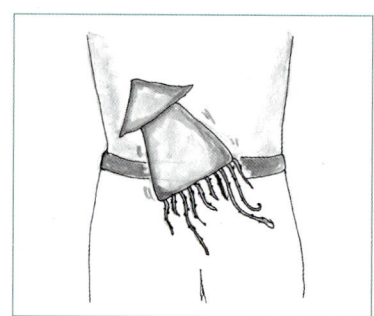

⑲ 배꼽 – 수건
배꼽에 수건을 넣었습니다.

⑳ 허리 – 목도리
허리에 목도리를 감았습니다.

지금까지 공부한 내용이 기억이 되는지 점검해 보겠습니다.

11. 어깨에 올려놓은 것은 무엇입니까? (　　)

12. 알통에는 무엇을 매달았습니까? (　　)

13. 팔뚝에 매달려 있는 것은 무엇입니까? (　　)

14. 손등은 무엇으로 만들었습니까? (　　)

15. 손가락은 무엇이 되어 돌아갑니까? (　　)

16. 가슴은 무엇으로 쳤습니까? (　　)

17. 갈비뼈는 무엇으로 만들었습니까? (　　)

18. 배 위에 기어다니는 것은 무엇입니까? (　　)

19. 배꼽에 집어넣은 것은 무엇입니까? (　　)

20. 허리에 감은 것은 무엇입니까? (　　)

㉑ 엉덩이　㉒ 허벅지　㉓ 무릎　㉔ 종아리　㉕ 발목　㉖ 복사뼈　㉗ 발등　㉘ 뒤꿈치　㉙ 발바닥　㉚ 발가락

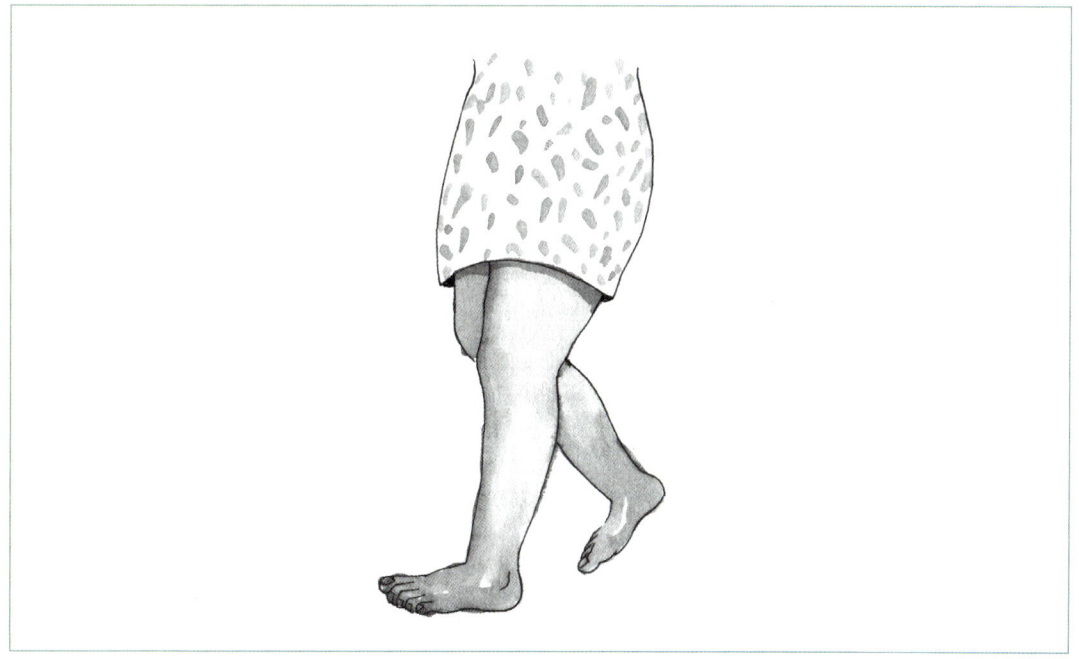

㉑ **엉덩이 – 감자**

엉덩이에 감자가 매달려 있습니다.

㉒ **허벅지 – 포도**

허벅지에 포도를 올려놓았습니다.

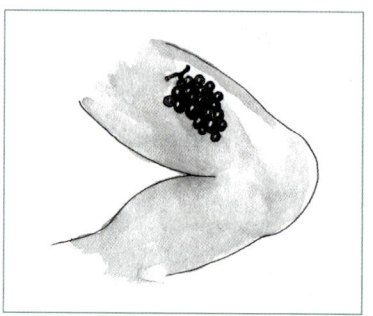

㉓ **무릎 – 전등**

무릎에 전등을 켰습니다.

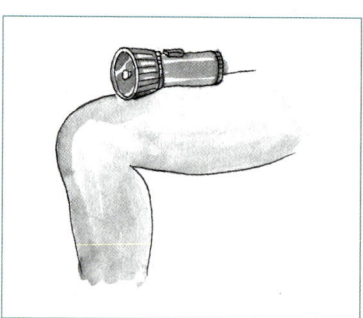

㉔ **종아리 – 참새**

종아리에 참새가 앉아 있습니다.

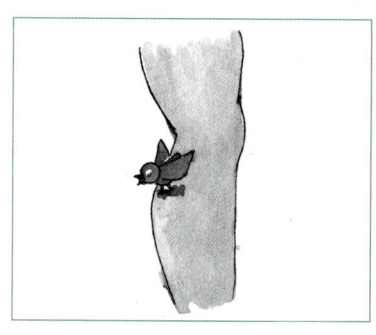

㉕ **발목 – 수건**

발목에 수건을 감았습니다.

㉖ **복사뼈 – 송곳**

복사뼈를 송곳으로 찔렀습니다.

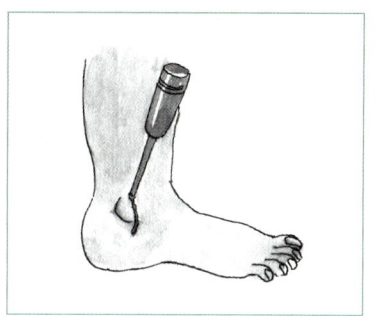

㉗ **발등 – 텔레비전**

발등에 텔레비전을 올려놓았습니다.

㉘ **뒤꿈치 – 우산**

뒤꿈치로 우산을 밟았습니다.

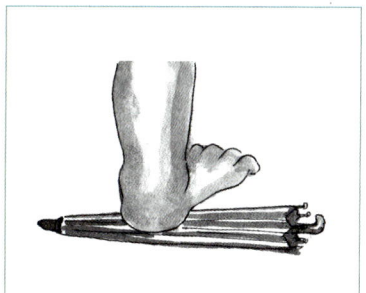

㉙ **발바닥 – 압정**

발바닥에 압정이 박혀 있습니다.

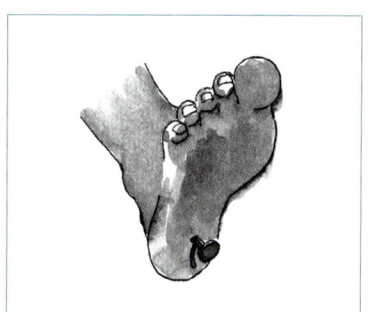

㉚ **발가락 – 호두**

발가락 사이에 호두가 끼어 있습니다.

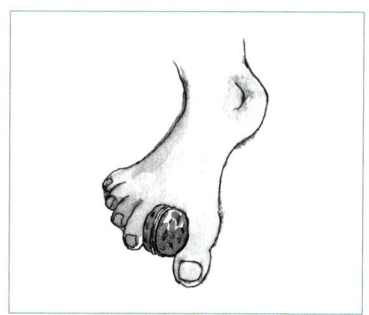

지금까지 공부한 내용이 기억이 되는지 점검해 보겠습니다.

21. 엉덩이에 매달린 것이 무엇입니까? (   )
22. 허벅지에 올려놓은 것이 무엇입니까? (   )
23. 무릎에 무엇을 꼈습니까? (   )
24. 종아리에 앉아 있는 것은 무엇입니까? (   )
25. 발목에 감겨 있는 것은 무엇입니까? (   )
26. 복사뼈를 찌른 것은 무엇입니까? (   )
27. 발등에 올려놓은 것은 무엇입니까? (   )
28. 발뒤꿈치로 밟은 것은 무엇입니까? (   )
29. 발바닥에 박혀 있는 것은 무엇입니까? (   )
30. 발가락 사이에 끼어 있는 것은 무엇입니까? (   )

★ 신체를 이용한 기초결합법 연습

수련문제 1   다음을 신체 기초장에 결합하여 심상해 보시오.

1 과자	11 사탕	21 아기
2 찐빵	12 시계	22 리본
3 인절미	13 안경	23 음악책
4 우산	14 귤	24 버스
5 진달래	15 인삼	25 피아노
6 구두	16 강철판	26 라디오
7 사과	17 핸들	27 시소
8 악어	18 고구마	28 양말
9 지하철	19 전화기	29 감자
10 지구본	20 신문지	30 바위

수련문제 2 다음을 신체 기초장에 결합하여 심상해 보시오.
시간을 적어 보며 심상하여 보십시오.

1 콜라병	11 이발소	21 인사
2 가방	12 강낭콩	22 손
3 할아버지	13 만화책	23 금이빨
4 소방차	14 우주선	24 지하 주차장
5 우유	15 빗자루	25 안방
6 컴퓨터	16 사탕	26 잠바
7 이끼	17 테이프	27 오토바이
8 아지랑이	18 아침 이슬	28 만년필
9 오징어	19 수채화 물감	29 오이
10 옹달샘	20 도화지	30 홍당무

수련문제 3 다음을 신체 기초장에 결합하여 심상하여 보시오.

1 사과	11 콩기름	21 걸레
2 전화국	12 김	22 목도리
3 선인장	13 아주머니	23 신발
4 우표	14 요리	24 이정표
5 대학교	15 아스팔트	25 속눈썹
6 지갑	16 줄넘기	26 아이스크림
7 개나리	17 오리	27 주전자
8 유리컵	18 돗자리	28 안개
9 너구리	19 간첩	29 접시
10 미끄럼틀	20 인조인간	30 주사위

집을 이용한 기초결합법

집이나 그 주변은 부동산이므로 모양이나 환경의 변화가 심하지 않습니다. 그러므로 집은 기초장으로서의 가치가 높습니다. 집을 이용하여 기초결합법을 연습해 보기로 하겠습니다.

① 대문 ② 현관 ③ 신발장 ④ 거실 ⑤ 탁자 ⑥ 소파 ⑦ 큰방 ⑧ 작은방
⑨ 싱크대 ⑩ 식탁

이와 같은 집 구조도 우리가 잊어버릴 수 없는 사실이므로 기초로 하여 다음 내용을 기억해 보기로 하겠습니다.

빨래, 오이, 사탕, 뱀, 호수, 사자, 만년필, 아기, 컴퓨터, 영어 사전

① **대문 – 빨래**

대문 위에 빨래를 걸어 두었습니다.

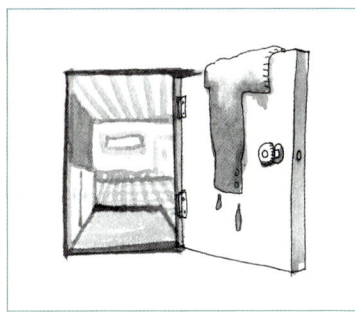

② **현관 – 오이**

현관에 오이가 쌓여져 있습니다.

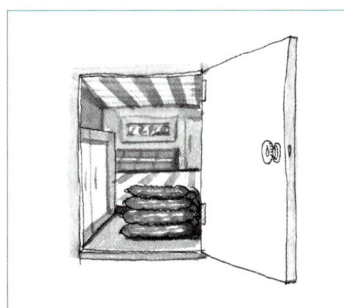

③ **신발장 – 사탕**

신발장을 사탕으로 만들었습니다.

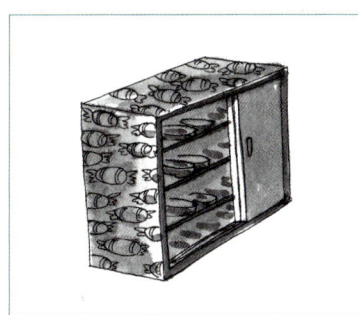

④ **거실 – 뱀**

거실에 뱀이 기어 다닙니다.

⑤ **탁자 – 영어사전**

탁자 위에 영어사전이 있습니다.

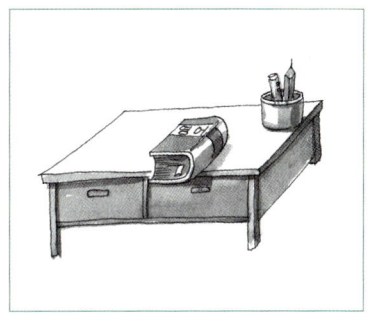

⑥ 소파 – 만년필

소파에서 만년필이 앉아 있습니다.

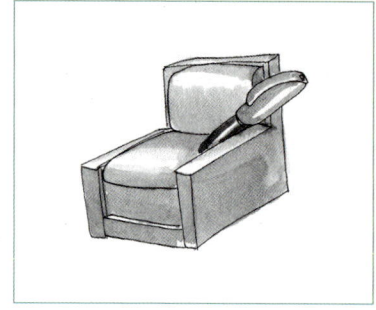

⑦ 큰방 – 컴퓨터

큰방에서 컴퓨터가 잠을 잡니다.

⑧ 작은방 – 아기

작은방에서 아기가 놀고 있습니다.

⑨ 싱크대 – 호스

싱크대에 호스가 달려 있습니다.

⑩ 식탁 – 사자

식탁 위에 사자가 앉아 있습니다.

기초장을 이용한 기초결합법

　기초결합법은 엄밀히 판단해서 알고 있는 사실과 새로 기억하고자 하는 학습 내용과의 연상 결합을 이용하여 기억하는 방법입니다. 그러나 일반적으로 알고 있는 사실이 추상적일 경우가 많으므로, 새로운 사실과의 원활한 연상이 잘되지 않을 수도 있습니다. 그러므로 형상적이면서도 혼선 없이 사용할 만한 사실을 기초로 하여야 합니다. **스타킹 심상학습기억법**에서는 이 기초를 '기초장'이라 하겠습니다.

　기초장을 완전히 습득하여 원래부터 알고 있는 사실로 인식하고, 여기에 기억하고자 하는 학습 내용을 연상 결합을 하여 기억합니다. 기초장의 형식은 하나의 장이 3개의 부분으로 구성되어 있고, 한 부분을 셋으로 나누어 모두 9개의 기초가 되도록 하였습니다. 이는 사람이 순간적으로 기억할 수 있는 최소의 기억량이 3개라는 데에 근거로 하여 만들어진 것입니다. 또한, 각 장의 제목도 숫자의 발음에서 연상하여 정한 것이기에 어렵지 않게 습득할 수 있습니다. 살펴보면,

0 (영)의 장은 영화관	50 (오십)의 장은 오디오
10 (십)의 장은 십자가	60 (육십)의 장은 육교
20 (이십)의 장은 이삭	70 (칠십)의 장은 칠판
30 (삼십)의 장은 삼치	80 (팔십)의 장은 팔레트
40 (사십)의 장은 사진관	90 (구십)의 장은 구멍가게

　이와 같이, 기초장을 쉽게 이해하고 익힐 수 있도록 하였으므로, 차근차근히 수련해 나가면 기초결합법을 쉽게 터득할 수 있을 것입니다.

　기초장을 이용한 기초결합법을 이용하면, 학습 내용을 매우 신속하게 기억할 수 있으며(100초에 100단어 무난), 정확하게 기억할 수도 있고, 혼선 없이 몇 번째에 어떤

학습 내용이 있다는 것까지도 기억할 수 있습니다. 정신이 산만할 때에 정신 집중을 하는 과정에도 사용하게 됩니다. 기초를 0부터 99까지 순서대로 빠르게 상상하면 순간적으로 잡념을 제거할 수 있기 때문입니다. 앞으로 기억법 수련을 통하여 구체적으로 설명하기로 하고 기초장 수련에 들어가겠습니다. 기초장의 각 위치를 정확히 기억하시고, 보지 않고 상상하여 기억이 될 때까지 수련하시기 바랍니다.

고대 철학자인 키케로는 대 웅변가로서 유명한 인물입니다. 그렇게 불러지게 된 이유는 그의 기억하는 방법과도 연관이 있습니다. 그가 말한 내용 중에서 이런 것이 있습니다. "내가 매일 산책하는 산책로는 내 기억의 창고다." 실제로 그는 산책하면서 얻는 영감이나 철학적인 사고의 모든 내용을 산책로에 나오는 모든 경물에 상상으로 기록하였습니다. 보통 사람들로서는 믿기 어려운 일일 것이나, 그다지 어려운 일은 아닙니다. 키케로는 이와 같은 기억 방법으로 자신이 변론할 장소에 미리 가서 자신의 사상이나 철학을 주변 경물에 미리 상상으로 기록하고, 나중에 그 경물을 보면서 조리 있고도 강력한 변론을 해왔습니다. 다른 장소로 옮겨 다시 같은 내용으로 웅변을 해도, 이미 본 경물을 기억하는 것은 어려운 일이 아니기에, 먼저 변론한 장소를 떠올리면 똑같은 내용으로 변론할 수 있어서, 다른 사람들에게 대단한 웅변가로 인정받게 되었다는 것입니다. 필기도구가 부족한 그 당시 상황에서 보면, 키케로의 이와 같은 기억 방법은 천재적이 아닐 수 없습니다. 이것이 기초결합법인 것입니다.

0의 장(場) 영화관

1	전면 간판	4	현관문	7	전화박스
2	돌출 간판	5	매표소	8	공중전화기
3	손수레	6	대기대	9	전화번호부

10의 장(場) 십자가

1	종탑 지붕	4	교회 지붕	7	교회 창문
2	종	5	홈통	8	교회 문
3	종줄	6	하수구	9	현관 바닥

20의 장(場) 이삭

1	밀짚모자	4	운전사	7	논둑
2	저고리	5	콤바인	8	논물
3	기둥	6	바퀴	9	논바닥

30의 장(場) 삼치

1	삼치 꼬리	4	모자	7	어선
2	삼치 몸	5	옷	8	말뚝
3	삼치 머리	6	주머니	9	상자

40의 장(場) 사진관

1	배경 걸이	4	액자	7	카메라
2	배경	5	필름통	8	받침대
3	의자	6	책상	9	다리

50의 장(場) 오디오

1	레코드 케이스	4	레코드 플레이어	7	전화기
2	레코드판	5	CD 플레이어	8	테이블보
3	스피커	6	장식장	9	서랍장

60의 장(場) 육교

1	가로등	4	난간	7	버스 지붕
2	기둥	5	좌판대	8	버스 창문
3	고정대	6	층계	9	버스 바퀴

70의 장(場) 칠판

1	모니터	4	칠판 화면	7	꽃병
2	게시대	5	지우개	8	교과서
3	자료집	6	분필통	9	교탁

80의 장(場) 팔레트

1	도자기	4	화판대	7	물감
2	과일	5	화판	8	손잡이
3	탁자	6	붓통	9	붓

90의 장(場) 구멍가게

1	간판	4	전봇대	7	우체통
2	차양막	5	변압기	8	편지 투입구
3	물품	6	발판 볼트	9	편지 수집구

기초장을 이용한 기초결합법의 연습

0의 장(場) 영화관

0	영화관에 할아버지께서 앉아 계십니다.				
1	전면 간판에 사과를 메달았습니다.	4	현관문에서 잉크가 쏟아집니다.	7	전화박스에 인형을 매달았습니다.
2	돌출 간판을 뱀이 감고 있습니다.	5	매표소에 수건을 걸어 두었습니다.	8	공중전화기에서 헬리콥터가 튀어나옵니다.
3	손수레에 딸기가 담겨 있습니다.	6	대기대에 참외가 열렸습니다.	9	전화번호부 위에 산을 세웠습니다.

10의 장(場) 십자가

10	십자가에 가방을 걸어 두었습니다.				
11	종탑 지붕에서 코끼리가 뛰어내립니다.	14	교회 지붕에서 아기가 놀고 있습니다.	17	교회 창문에 개나리가 피었습니다.
12	종을 과자로 만들었습니다.	15	홈통 속에서 고릴라가 나옵니다.	18	교회 문을 빵으로 만들었습니다.
13	종줄에 자전거를 매달았습니다.	16	하수구에 기타를 꽂아 두었습니다.	19	현관 바닥에 쇠사슬을 올려놓았습니다.

20의 장(場) 이삭

20	이삭 위에 통조림이 매달렸습니다.				
21	밀짚모자에 나비가 앉아 있습니다.	24	운전사가 수박을 먹습니다.	27	논둑에 굴뚝을 세웠습니다.
22	저고리를 유리로 만들었습니다.	25	콤바인으로 초콜릿을 잘랐습니다.	28	논물 위에 찐빵을 올려놓았습니다.
23	기둥에 압정을 박았습니다.	26	바퀴에 책받침을 붙였습니다.	29	논바닥에 엽서가 붙어 있습니다.

30의 장(場) 삼치

30	삼치가 호랑이를 집어 던졌습니다.				
31	삼치 꼬리 위에 배추를 올려놓았습니다.	34	모자를 재떨이로 만들었습니다.	37	어선에 개구리가 앉아 있습니다.
32	삼치 몸에 얼굴을 그렸습니다.	35	옷으로 비둘기를 감쌌습니다.	38	말뚝에 염소를 묶었습니다.
33	삼치 머리에 땔감을 쌓았습니다.	36	주머니에 얼음을 넣었습니다.	39	상자에 땅콩을 넣었습니다.

40의 장(場) 사진관

40	사진관에서 오징어를 먹습니다.				
41	배경 걸이에 병아리가 달려 있습니다.	44	액자를 가위로 잘랐습니다.	47	카메라에 리본을 매달았습니다.
42	배경에서 토끼가 튀어나옵니다.	45	필름통을 칼로 찔렀습니다.	48	받침대에 쌀을 올려놓았습니다.
43	의자 위에 주스가 올려져 있습니다.	46	책상에 원숭이가 올라가 있습니다.	49	다리에 지갑을 매달아 놓았습니다.

50의 장(場) 오디오

50	오디오는 나무로 만들었습니다.				
51	레코드 케이스에 파리가 앉아 있습니다.	54	레코드 플레이어 위에 상어가 앉아 있습니다.	57	전화기를 참새가 먹었습니다.
52	레코드판은 아이스크림으로 만들었습니다.	55	CD플레이어 속에 사이다를 부었습니다.	58	테이블보에 우유를 부었습니다.
53	스피커는 소가죽으로 만들었습니다.	56	장식장 속에 강아지가 들어있습니다.	59	서랍장을 철사로 묶었습니다.

60의 장(場) 육교

60	육교 위에 바가지가 있습니다.				
61	가로등에 매미가 앉아 있습니다.	64	난간을 할머니께서 붙잡고 계십니다.	67	버스 지붕에 여우가 앉아있습니다.
62	기둥에 포도를 매달았습니다.	65	좌판대에 비둘기가 앉아 있습니다.	68	버스 창문을 핫도그로 만들었습니다.
63	고정대를 고무줄로 만들었습니다.	66	층계에 바지가 깔려 있습니다.	69	버스 바퀴를 흙으로 만들었습니다.

70의 장(場) 칠판

70	칠판을 걸레로 닦습니다.				
71	모니터를 금으로 만들었습니다.	74	칠판 화면을 설탕으로 만들었습니다.	77	꽃병 위에 떡이 있습니다.
72	게시대에 구멍을 냈습니다.	75	지우개를 쓰레기통에 버렸습니다.	78	교과서를 사자가 먹고 있습니다.
73	자료집에 우산을 꽂았습니다.	76	분필통 위에 라디오를 올려놓았습니다.	79	교탁을 물로 닦았습니다.

80의 장(場)   팔레트

80	팔레트를 곰이 먹습니다.				
81	도자기 위에 까치가 앉아 있습니다.	84	화판대에 구렁이가 매달려 있습니다.	87	물감 속에 복숭아가 들어있습니다.
82	과일은 짚으로 만든 것입니다.	85	도화지에 색종이를 붙였습니다.	88	손잡이 위에 집을 올려놓았습니다.
83	탁자 위에 피리를 올려놓았습니다.	86	붓통 위에 김밥을 올려놓았습니다.	89	붓으로 오뚝이를 그렸습니다.

90의 장(場) 구멍가게

90	구멍가게에 바나나가 쌓여 있습니다.				
91	간판 속에 무를 넣었습니다.	94	전봇대가 재채기를 합니다.	97	우체통 위에 국수가 있습니다.
92	차양막에 파스를 붙였습니다.	95	변압기를 톱으로 잘랐습니다.	98	편지 투입구에 공책을 붙였습니다.
93	물품 위에 잠자리가 앉아 있습니다.	96	발판 볼트를 소금으로 만들었습니다.	99	편지 수집구에서 박쥐가 나옵니다.

기초결합법의 수련

1. 기초결합법의 주의 사항
2. 기초결합법의 금지 사항
3. 기초결합법의 수련문제

기억의 효과를 높이려면 5가지 원칙을 지켜야 합니다. 그리고 이 원칙에 대한 확신과 함께 자신이 가지고 있는 두뇌의 능력을 믿어야 합니다. 그것은 기초결합법의 목표를 달성하기 위한 원칙이므로, 학습자 여러분은 분명히 명심하여 수련할 때 참고해야 할 것입니다.

기초결합법의 주의 사항

1. 신속하게 처리할 것

신속하게 처리한다는 것은, 학습 내용을 기억하는 전 과정을 빠르게 진행하여 기억한다는 것입니다. 빠르게 한번 읽거나 듣는 것으로 기억해야 합니다. 그래야 잡념이 끼어들지 않아 기억이 잘되며, 대뇌도 여기에 적응을 잘하게 됩니다. 대뇌 뇌신경 세포가 한 번에 모든 학습 내용을 기억할 수 있게 습관을 만들어야 합니다. 항상 "나는! 한 번만 생각해도 정확히 기억한다!" 라고 마음속으로 외치십시오. 잠재의식이 이를 받아들이면 한 번에 기억할 수 있는 능력이 형성(습관)될 것입니다.

2. 풍부하게 생각할 것

기억하고자 하는 학습 내용에서 풍부한 자료를 인출해 내는 것은 뛰어난 관찰력과 분석력을 요하는 일입니다. 이것은 기억을 재생할 때의 인출단서로서, 인출단서를 풍부하게 하면 대단한 기억 능력의 소유자가 되는 것입니다. 사람이 어떠한 것을 생각할 때는, 그 형상의 핵심만이 떠오릅니다. 시계를 생각하면 시계의 바늘이나 숫자판, 또는 시계의 추를 떠올립니다. 이와 같은 시계를 나타내는 핵심을 가능한 한 짧은 시간에 많이 생각해야 기억재생이 잘되는 것입니다. 그리고 동시에 감정을 느껴야 합니다. 감정을 느꼈다는 것은 대뇌가 이해했다는 결과입니다. 사람은 하루에 약 40만 가지 이상을 보고, 듣고, 경험할 수 있습니다. 이 모든 내용은 대부분 잠재의식 속으로 빠져들어가, 어떠한 자극에 의하여 다시 의식의 수면에 떠오르기를 기다리고 있습니다. 다시 말하면, 우리는 평상시에 우리가 느끼지 못한 상태에서 참으로 많은 정보를 잠재의식 속에 간직하게 되고, 필요할 때에 자신도 모르게 여러 가지 형태로 변화하여 의식으로 나타납니다. 그러므로 어떤 학습 내용을 기억하는 과정에서 상상할 때에 많은 관련된 사실을 쉽게 떠올릴 수 있으므로, 가능한 한 많은 사항을 떠올릴 수 있으면 기억은 더 정확해질 수 있습니다.

3. 접합되게 연상시킬 것

접합 상태가 완전하게 연상되어 있지 않으면 기억재생이 어려우므로, 기초와 학습 내용과의 접합은 완전히 붙어 있어야 합니다. 예를 들어 전면 간판과 비행기를 연상할 때 [전면 간판 위로 비행기가 날아갔다.]고 하면 우리가 전면 간판을 생각할 때, 전면 간판이 생각의 초점이 되어 전면 간판만 확대되어 상상이 됩니다. 사람은 의도적으로 생각을 변화시키기 전에 먼저 떠올리고자 하는 내용을 확대해서 상상하는 것이 일반적인 사항입니다. 따라서 학습 내용을 접합시켜 연상하지 않으면, 다시 말해서 공간을 두고 떨어뜨려 연상을 하면 기초를 생각해도 공간적으로 떨어져 있는 학습 내용을 함께 떠올릴 수 없는 것입니다. 따라서 비행기는 떠올릴 수가 없습니다. 그러므로 [전면 간판 위에 비행기가 내려앉았다.] 라든지 [전면 간판에 비행기가 박혔다.] 라든지 [전면 간판 모양이 비행기 모양이다.] 라고 해야 합니다.

4. 생동감 있게 느낄 것

살아 있듯이, 생동감이 넘치도록 오감을 통하여 느껴야 하는데, 기초결합법에서는 고단계의 비법에 속하는 원칙입니다. 달리 생각하면 쉬운 과정입니다. 실제로 내가 수박을 먹는다고 하면, 수박의 맛이나 모양·느낌·감촉 등등 주는 자극이 대뇌에 강렬히 작용하여, 기억을 정확히 하게 됩니다. 그러나 시간이 흐르면 수박을 먹었던 일은 과거의 사실로 바뀌고 현재로는 상상 속의 일이 됩니다. 따라서 기억하고자 하는 사실을 자기 자신이 느꼈던 모든 경험을 이용하여 상상한다 하더라도, 실제로 경험했던 것처럼 느끼기가 쉽지는 않습니다. 그런데, 아주 예민하게 생각하여 실제처럼 느낀다면 어떻겠습니까? 그러면 경험했던 일과 같게 되는 것입니다. 그러므로 학습자 여러분은 모든 사물이나 사실을 대할 때, 온몸으로 느끼는 수련을 많이 해야 합니다. 모든 내용을 상상일지라도 실제처럼 생각해야 합니다.

5. 정확하게 상상할 것

다시 한 번 강조하는 내용입니다. 실제로 물체의 형상을 보듯이 상상으로 느끼는 것입니다. 사람의 능력에 따라 상상의 정확도가 다를 수 있으나, 이것도 수련을 통하여 숙달할 수 있으므로 노력해야 할 것입니다. 상상으로도 실제와 같은 형상을 느낄 수 있다면, 기억법을 정복하는 일은 그다지 어렵지가 않을 것입니다. 대뇌는 일반적으로 눈으로 들어오는 정보를 쉽게 이해합니다. 그래서 눈을 사용하는 정보 습득 방법을 많이 사용하는 것이 좋습니다. 사람은 임상 실험을 통하여 한 번에 두 가지를 생각할 수 없음이 증명되었습니다. 간단히 설명하자면, 두 가지 이상을 생각한다는 것은 정신 분열을 의미하는 것이고, 정신 분열 증상을 보이는 환자가 정상인보다 더 안정적으로 살아가는 것은 볼 수 없습니다. 조금 더 자세히 설명하자면, 텔레비전에서 나오는 화면이 두 개로 겹쳐져서 방영이 된다면 우리는 텔레비전을 볼 수 없을 것입니다. 이와 같이 우리의 대뇌도 분명한 아웃라인이 정해져 있는 확실한 영상만을 정확하게 기억한다는 말입니다. 따라서 상상을 할 때에 정확히 실제적으로 볼 수 있도록 수련해야 기억이 완벽할 수 있습니다.

기초결합법의 금지 사항

1. 기억해 가는 도중에 기억했던 앞부분을 다시 봐서는 안 된다

학습 의지력이 약할 경우, 기억해 나가는 도중에 다시 지난 것을 반복하는 일이 많습니다. 이것은 그 동안 습관적으로 공부해 오던 자세입니다. 주입식으로 공부해 오던 입시 위주의 공부 습관이 좌뇌 중심의 학습 자세를 만들었고, 좌뇌는 정확하고 단계적으로 이해하는 기능을 가지고 있어서 조금이라도 불확실하면 더 이상 전진할 수 없습니다. 그러나 기초결합법에서는 우뇌 중심의 전체적 학습 자세로 공부하기 때문에 정확히 하기 위하여 이미 공부한 앞부분을 과정이 다 끝나기 전에 되돌아가는 것은 금기 사항으로 정한 원칙입니다. 또한, 되돌아가야겠다고 생각한 것은 잡념이 생겼다는 증거이므로 더 이상의 잡념을 갖지 않도록 하기 위해서도 필요한 원칙입니다. 그리고 시간이 자꾸 지연되므로, 신속하게 기억할 수 없게 됩니다. 잡념은 TV 화면에서 2개 이상의 영상이 겹쳐 알아볼 수 없는 화면으로 비유할 수 있습니다. 이렇게 되면, 기억은커녕 머리만 혼란스럽게 되어 기억에 자신감을 잃어버릴 수 있습니다.

2. 상상한 내용을 바꾸어도 안 된다

한번 상상하여 정한 상황은 아무 것도 없는 흰 도화지에 점을 찍어 놓은 것으로 비유할 수 있습니다. 여기에 다른 점들을 찍어 다른 모양을 만들어 놓으면, 원래의 점은 찾아내기가 어렵습니다. 그러므로 상상한 내용을 고치면 원래의 내용을 기억하기가 어렵습니다. 혹은 다른 내용으로 바뀌어져 오류를 범할 수가 있습니다. 또한, 자신의 잠재의식은 제일 먼저 떠올려진 생각이 가장 잘 떠올릴 수 있는 것입니다. 절대로 제일 먼저 상상한 생각을 무시하지 마십시오!

3. 다른 소재를 첨가해서도 안 된다

사과와 만년필을 연상할 때, "사과에 만년필을 꽂았다."라고 하면 간단히 기억할 수 있는데, "사과에 만년필을 꽂으니 잉크가 번진다."고 할 경우, 잉크가 삽입되므로 인하여 사과하면 만년필이 생각나야 하는데도 잉크가 떠올라 잉크라고 잘못 기억하는 경우가 많기 때문이며, 두 가지가 혼합이 되어 무슨 생각을 했는지 알 수 없게 되기 때문입니다. 기초결합법에서는 항상 연상하는 과정에 다른 첨가물이 들어가지 않도록 늘 강조하고 있습니다. 이 점에 주의하시기 바랍니다.

자, 그럼 정리하여 보겠습니다.

기초결합법의 주의할 점은 신속 – 풍부 – 접합 – 생동 – 정확입니다. 기초결합법의 금지 사항은 되돌림 금지 – 형상 바꿈 금지 – 소재 첨가 금지입니다. 확실히 기억이 잘 되지 않을 때는 주의 사항과 금지 사항을 생각하면서 잘 적용시켰는지 점검해 보면 그 이유를 분명히 알 수 있을 것입니다.

 신체의 장을 이용하여 기억해 보겠습니다.

1. 머리카락이 신속하게 회전한다. – 신속
2. 이마에 풍부한 지식이 들어 있다. – 풍부
3. 눈썹이 이마에 접합되어 있다. – 접합
4. 눈빛이 생동감 있게 살아 있다. – 생동
5. 귀는 정확하게 소리를 구별한다. – 정확
6. 나오는 코를 되돌려 보내면 안 된다. – 되돌림 금지
7. 인중의 형태는 바꿀 수 없다. – 형상 바꿈 금지
8. 입안에는 음식물 이외의 것을 첨가해서는 안 된다. – 소재 첨가 금지

많은 학생들이 기초결합법을 완성하는 데에 시간이 걸리는 것은 위의 주의 사항과 금지 사항을 유의하지 않기 때문입니다. 그러므로 여러분은 이 점을 감안하여 기억 능력이 향상되지 않을 때는 다시 한번 주의 사항과 금지 사항을 살펴보도록 해야 합니다.

기초결합법의 수련문제

수련문제 1 다음을 기초결합법으로 심상하여 보시오.

0	포도	34	축구공	67	호랑이
1	태극기	35	편지	68	독수리
2	시계	36	자전거	69	가위
3	담배	37	나무	70	벌
4	인형	38	화장지	71	아이스크림
5	사과	39	신발	72	사진
6	주전자	40	칫솔	73	그네
7	전화기	41	바가지	74	넥타이
8	지우개	42	액자	75	로봇
9	가방	43	선풍기	76	어항
10	의자	44	컵	77	장갑
11	안경	45	도마	78	자물쇠
12	화분	46	접시	79	유치원
13	휴지통	47	성냥	80	지느러미
14	모자	48	연탄	81	학교
15	연필	49	냄비	82	하마
16	구두	50	비눗갑	83	개나리
17	칼	51	빗자루	84	기차
18	필통	52	색연필	85	두꺼비
19	포도	53	크레파스	86	수건
20	샤프펜슬	54	텔레비전	87	노예
21	생쥐	55	냉장고	88	가마
22	손톱	56	달력	89	장미
23	아버지	57	탁자	90	라이터
24	양복	58	야구공	91	만두
25	수박	59	피아노	92	자전거
26	우산	60	공책	93	형광등
27	한라산	61	거울	94	눈사람
28	철교	62	껌	95	인삼
29	트럭	63	수저	96	신문
30	단추	64	별장	97	방망이
31	마차	65	주사기	98	독나방
32	부채	66	아주머니	99	교장선생님
33	매미				

수련문제 2 다음을 기초결합법으로 심상하여 보시오.

0 구슬		
1 가방	34 울릉도	67 꿩
2 기차	35 칼	68 마구간
3 금달	36 멸치	69 운동화
4 사진	37 사탕	70 울타리
5 이모	38 이발소	71 칼국수
6 탤런트	39 탬버린	72 계량기
7 갈매기	40 갈비	73 귀
8 냉장고	41 너구리	74 마늘
9 물오리	42 물통	75 비
10 서당	43 서리	76 원숭이
11 장님	44 장롱	77 사탕
12 파랑새	45 파리	78 면도기
13 거울	46 거지	79 가스난로
14 단추	47 단지	80 김치
15 회장	48 빗	81 명태
16 송곳	49 가수	82 산
17 족두리	50 김	83 이불
18 풍경화	51 반찬	84 탱크
19 곤충	52 송사리	85 갈치
20 대포	53 종	86 넓적다리
21 백설공주	54 풍선	87 지갑
22 악기	55 꼴뚜기	88 서예
23 진돗개	56 대학	89 라일락
24 함박눈	57 뱀	90 파리채
25 관중	58 악마	91 거품
26 돌부처	59 진주	92 단풍잎
27 별	60 항공모함	93 발
28 염소	61 광부	94 송충이
29 책받침	62 돗자리	95 종이
30 호랑이	63 휴대폰	96 풍차
31 권투	64 엿	97 곰
32 손수레	65 책방	98 떡
33 붕어	66 호랑나비	99 뱀장어

수련문제 3 다음을 기초결합법으로 심상하여 보시오.

0	팥빙수	34	미녀	67	캥거루
1	죄수	35	모기	68	허리띠
2	항구	36	산토끼	69	가시
3	꾀꼬리	37	이순신장군	70	나방
4	별똥별	38	털	71	모닥불
5	병	39	감	72	쌀
6	할아버지	40	넥타이	73	이슬
7	철근	41	미꾸라지	74	털모자
8	호박	42	서울타워	75	감나무
9	꺾꽂이	43	장판지	76	노루
10	달	44	파이프	77	미나리
11	발톱	45	건물	78	석유
12	솥	46	달걀	79	저고리
13	주머니	47	밤	80	파인애플
14	볼펜	48	쇠고기	81	건전지
15	꼽추	49	주막	82	달력
16	덩굴	50	피	83	밤나무
17	버드나무	51	공	84	수도꼭지
18	안개	52	덮개	85	주머니
19	지게	53	버선	86	피라미드
20	항아리	54	알	87	공군
21	괴물	55	찌개	88	도깨비
22	동생	56	해	89	버스
23	병마개	57	교도소	90	암행어사
24	영화	58	동굴	91	찌꺼기
25	청개구리	59	병원	92	해골
26	호수	60	예비군	93	교수
27	귀걸이	61	체조	94	담요
28	마녀	62	화가	95	보리
29	비누	63	귀뚜라미	96	예수님
30	유도	64	마당	97	초가집
31	캠프	65	비닐	98	화산
32	샴푸	66	원시인	99	신
33	가슴				

수련문제 4 다음을 기초결합법으로 심상하여 보시오.

- 0 할머니
- 1 비단
- 2 원자폭탄
- 3 컵
- 4 재떨이
- 5 가오리
- 6 나비
- 7 모델
- 8 살구
- 9 인공위성
- 10 텔레비전
- 11 감방
- 12 노다지
- 13 미술
- 14 석탄
- 15 저수지
- 16 판자
- 17 걸레
- 18 달팽이
- 19 밥
- 20 수류탄
- 21 주먹
- 22 피리
- 23 공기총
- 24 도둑
- 25 번개
- 26 약
- 27 진열장
- 20 해군
- 29 교통순경
- 30 동화책
- 31 보물
- 32 오리
- 33 초인종
- 34 화살
- 35 귤
- 36 마루
- 37 비둘기
- 38 원장님
- 39 케이블카
- 40 샤프
- 41 인디언
- 42 테이블
- 43 감자
- 44 녹음기
- 45 미역
- 46 선녀
- 47 가위
- 48 나사
- 49 모래
- 50 삿갓
- 51 저울
- 52 팔씨름
- 53 경복궁
- 54 닭
- 55 빵
- 56 수박
- 57 주사기
- 58 피아노
- 59 공동묘지
- 60 도라지
- 61 번데기
- 62 약국
- 63 짐승
- 64 번개
- 65 약상자
- 66 짐차
- 67 해녀
- 68 학교
- 69 돛단배
- 70 복권
- 71 오이
- 72 총
- 73 화장품
- 74 그릇
- 75 마스크
- 76 비석
- 77 위문품
- 78 코끼리
- 79 손톱
- 80 가을
- 81 나팔
- 82 목마
- 83 쌍안경
- 84 인삼
- 85 테이프
- 86 갑옷
- 87 논
- 88 미용실
- 89 선비
- 90 전구
- 91 팽이
- 92 갓
- 93 농구
- 94 미라
- 95 선원
- 96 전기난로
- 97 볼펜
- 98 경찰
- 99 닭

수련문제 5   다음을 기초결합법으로 심상하여 보시오.

0	감자				
1	공산당	34	양념	67	공작
2	도마	35	집게	68	도시
3	벌	36	해삼	69	벌레
4	양	37	구두	70	어린이
5	집	38	된장	71	짚
6	해변	39	뽕나무	72	해바라기
7	교회	40	오징어	73	구름
8	돼지	41	춘향전	74	두꺼비
9	복숭아	42	황금	75	봉투
10	오징어	43	그물	76	옥수수
11	최루탄	44	마이크	77	춤
12	활	45	비행기	78	황소
13	그림	46	유리	79	글씨
14	마을	47	콘크리트	80	마패
15	비타민	48	지갑	81	빙산
16	유격수	49	가족	82	유령
17	코스모스	50	낙서	83	콩
18	온도계	51	못	84	칫솔
19	가재	52	상추	85	가죽
20	나팔꽃	53	인형	86	낚시
21	목탁	54	토마토	87	몽둥이
22	상어	55	강	88	상투
23	인어	56	농부	89	일기장
24	토끼	57	미인	90	토지
25	계단	58	선풍기	91	강도
26	담배	59	전매청	92	누나
27	방망이	60	펭귄	93	믹서
28	숙녀	61	고가도로	94	성경
29	주전자	62	땅	95	전쟁
30	하마	63	방송국	96	편지
31	공원	64	술잔	97	고개
32	도마뱀	65	중	98	당구
33	벌집	66	하수도	99	방아깨비

수련문제 6   다음을 기초결합법으로 심상하여 보시오.

0	컴퓨터	34	당나귀	67	전화기
1	쥐	35	방울	68	포도대장
2	학교	36	시금치	69	고등어
3	공장	37	쥐덫	70	땅 콩
4	도시락	38	학생	71	방패
5	법관	39	공항	72	씨름
6	어머니	40	도자기	73	지구
7	반찬통	41	벙어리	74	학용품
8	해적	42	어부	75	공주
9	국민은행	43	참깨	76	도화지
10	두더지	44	햅쌀	77	베짱이
11	뿌리	45	국수	78	어항
12	옷	46	두루미	79	참새
13	측우기	47	부엉이	80	행주
14	황제	48	왕	81	국어
15	금	49	계단	82	두부
16	만화	50	효자	83	부엌
17	비료	51	금반지	84	왕개미
18	유치원	52	말	85	치마
19	콩국수	53	사공	86	휴지
20	핸드백	54	육군	87	금고
21	나뭇가지	55	콩밥	88	말미잘
22	낙엽	56	권총	89	사또
23	무기	57	까치	90	육지
24	상표	58	낙지	91	크레파스
25	입	59	무지개	92	장난감
26	톱	60	상품	93	라이터
27	강아지	61	잉꼬	94	마이크
28	눈	62	톱밥	95	만화
29	밀감	63	개	96	매미
30	성냥	64	눈물	97	소주
31	전차	65	바구니	98	메뚜기
32	포도	66	소	99	면도칼
33	고기				

수련문제 7   다음을 기초결합법으로 심상하여 보시오.

0	사이다	34	들쥐	67	진돗개
1	물	35	잠옷	68	조개
2	시금치	36	배낭	69	파랑새
3	메기	37	부엉이	70	태양
4	추장	38	심장	71	코끼리
5	왕자	39	공중변소	72	피아노
6	바위	40	야구	73	탐정
7	악기	41	굼벵이	74	지팡이
8	노예	42	폭풍	75	주사기
9	태극기	43	목걸이	76	해녀
10	이마	44	삼국지	77	창문
11	뱀	45	김	78	전차
12	언덕	46	합창	79	침대
13	대리석	47	원시인	80	할머니
14	우산	48	믹서	81	전화기
15	장기알	49	가오리	82	탱크
16	보검	50	자가용	83	토마토
17	상품	51	해삼	84	제비
18	돈	52	해적선	85	코스모스
19	이불	53	태극기	86	통조림
20	지구	54	투구	87	주사위
21	양념	55	캐러멜	88	저울
22	거위	56	치마	89	허수아비
23	남산	57	카메라	90	잠자리
24	코끼리	58	책받침	91	인형
25	쌍안경	59	짚신	92	호랑이
26	고속도로	60	학원	93	솔
27	올빼미	61	풍선	94	잉어
28	선물	62	청개구리	95	펭귄
29	꽹과리	63	핸드백	96	포수
30	도라지	64	칼국수	97	짜장면
31	바나나	65	참외	98	특공대
32	손	66	지도	99	토끼
33	그네				

수련문제 8 다음을 기초결합법으로 심상하여 보시오.

- 0 다람쥐
- 1 빵
- 2 태극기
- 3 칠판
- 4 지우개
- 5 안경
- 6 분필
- 7 구두
- 8 선풍기
- 9 헤드폰
- 10 휴지통
- 11 난로
- 12 동양화
- 13 달력
- 14 상장
- 15 트로피
- 16 동화책
- 17 문제집
- 18 소파
- 19 전화기
- 20 탁자
- 21 실내화
- 22 시계
- 23 거울
- 24 신발장
- 25 새장
- 26 온도계
- 27 수족관
- 28 인형
- 29 피아노
- 30 의자
- 31 침대
- 32 텔레비전
- 33 비디오
- 34 테이프
- 35 사진
- 36 책꽂이
- 37 가방
- 38 장롱
- 39 옷걸이
- 40 이불
- 41 식탁
- 42 프라이팬
- 43 냉장고
- 44 김치
- 45 환풍기
- 46 수도
- 47 싱크대
- 48 찬장
- 49 가스레인지
- 50 도마
- 51 책상
- 52 라디오
- 53 꽃병
- 54 도장
- 55 출석부
- 56 교탁
- 57 화장지
- 58 남대문
- 59 창문
- 60 화분
- 61 진열장
- 62 연필
- 63 샤프
- 64 책받침
- 65 조립완구
- 66 보물섬
- 67 색종이
- 68 크레파스
- 69 스케치북
- 70 공책
- 71 컴퓨터
- 72 호랑이
- 73 매미
- 74 장미
- 75 미라
- 76 계산기
- 77 백과사전
- 78 수학책
- 79 녹음기
- 80 로켓
- 81 로봇
- 82 약
- 83 청진기
- 84 주사기
- 85 돋보기
- 86 현미경
- 87 전기스탠드
- 88 시험관
- 89 알코올램프
- 90 성냥
- 91 찰흙
- 92 톱
- 93 자
- 94 망치
- 95 드라이버
- 96 납
- 97 망치
- 98 나사
- 99 못

수련문제 9   다음을 기초결합법으로 심상하여 보시오.

0	사무원				
1	건물	34	주사위	67	밭
2	떡	35	리어카	68	냉장고
3	뼈	36	엿	69	사진
4	고인돌	37	포도	70	강도
5	사자	38	달	71	접시
6	꼭지	39	선비	72	벽돌
7	돼지	40	장관	73	당나귀
8	참고서	41	한글	74	물통
9	교실	42	도깨비	75	계란
10	물소	43	송곳	76	참깨
11	텔레비전	44	지뢰	77	부처
12	신부	45	인형	78	도자기
13	약국	46	화가	79	발
14	콩	47	두더지	80	공
15	대마도	48	스파이	81	카우보이
16	프로야구	49	총	82	사공
17	앞치마	50	전차	83	라디오
18	삼태기	51	군함	84	버스
19	왕개미	52	말뚝	85	다리미
20	돌고래	53	아카시아	86	앵무새
21	해수욕장	54	전기스탠드	87	거북
22	산수	55	찬장	88	바둑
23	석류	56	기와	89	비늘
24	음료수	57	날개	90	대통령
25	눈	58	어부	91	살구
26	토끼	59	버드나무	92	고사리
27	서당	60	기둥	93	백조
28	소라	61	울타리	94	사탕
29	잠자리	62	바가지	95	투구
30	대나무	63	메주	96	감자
31	피자	64	비	97	광화문
32	소금	65	가마니	98	상표
33	쓰레기	66	입	99	빨래

수련문제 10 다음을 기초결합법으로 심상하여 보시오.

0 진달래	34 도둑	67 대사
1 향수	35 두부	68 돌팔이
2 통닭	36 망아지	69 그물
3 하늘	37 북	70 개구리
4 전화기	38 어항	70 고구마
5 빵	39 대감	70 공동묘지
6 벌판	40 독약	70 국회
7 부모	41 렌즈	70 만두
8 비석	42 카메라	70 표고버섯
9 꿀벌	43 버선	70 항공기
10 아버지	44 식물	70 훈장
11 양	45 알	70 목수
12 상	46 수류탄	70 주머니
13 남대문	47 식칼	80 책상
14 주전자	48 신	81 콘크리트
15 철도	49 알코올	82 왕
16 크리스마스	50 산꼭대기	83 스케치북
17 왕비	51 생과자	84 저고리
18 아파트	52 하수도	85 지옥
19 시청	53 칼	86 축구
20 안마	54 오소리	87 태양
21 여우	55 원시인	88 뱀장어
22 색종이	56 자가용	89 가구
23 박쥐	57 사또	90 낙타
24 무지개	58 무당	91 민들레
25 동생	59 바나나	92 간신
26 마패	60 배낭	93 보리
27 낙엽	61 왕자	94 갈매기
28 수박	62 이마	95 단군
29 기자	63 장기판	96 방울
30 가시	64 지구	97 거지
31 거름	65 감무	98 붓
32 꼬리	66 느티나무	99 공주
33 달팽이		

수련문제 11 다음을 기초결합법으로 심상하여 보시오.

0	주전자				
1	열쇠	34	봉황	67	병
2	우표	35	소독약	68	불
3	인삼	36	술집	69	교도소
4	전봇대	37	아가미	70	탬버린
5	구더기	38	부자	71	우주선
6	호랑나비	39	꽃게	72	인공위성
7	파리	40	도로	73	전구
8	호랑이	41	뻐꾸기	74	사장
9	파스	42	매	75	곤충
10	멸치	43	내장	76	교통순경
11	제사	44	무	77	금강산
12	참기름	45	새	78	가루
13	캥거루	46	설계도	79	톱
14	오토바이	47	솔	80	만화
15	석가모니	48	시멘트	81	난초
16	화장실	49	충치	82	포로
17	북한군	50	마늘	83	한라산
18	사탕	51	나비	84	미역
19	무대	52	다람쥐	85	찹쌀
20	그릇	53	대추	86	코
21	장미	54	걸레	87	옥수수
22	지도	55	군인	88	유도
23	장의사	56	기선	89	소풍
24	촛불	57	가스	90	그림자
25	얼굴	58	개똥벌레	91	노랑나비
26	금붕어	59	두꺼비	92	땅콩
27	가마	60	귀	93	도청
28	갓	61	가재	94	장갑
29	경비	62	거문고	95	물오리
30	동메달	63	고무	96	박수
31	미사일	64	족제비	97	에디슨
32	밥	65	바늘	98	새우
33	벌	66	배추	99	수도

수련문제 12 다음을 기초결합법으로 심상하여 보시오.

0 소년
1 소녀
2 굴
3 선수
4 샘
5 현미경
6 순대
7 가지
8 시체
9 여우
10 번개
11 할미꽃
12 책
13 지붕
14 연극
15 봉선화
16 황금
17 코미디
18 추장
19 비눗갑
20 폭풍
21 올빼미
22 태극기
23 면사포
24 합창
25 육군
26 우산
27 미나리
28 황새
29 잠옷
30 이불
31 가보
32 털
33 세포
34 거리
35 휴지
36 레슬링
37 풍뎅이
38 수세미
39 고릴라
40 해
41 멧돼지
42 해녀
43 신문
44 꽃
45 망원경
46 논
47 흑인종
48 암행어사
49 꿩
50 남자
51 대문
52 진돗개
53 학교
54 원자폭탄
55 배우
56 타이어
57 치과
58 호박
59 자두
60 아저씨
61 초인종
62 염소
63 파이프
64 조개
65 아주머니
66 타조
67 우체국
68 학자
69 단풍잎
70 양배추
71 촉새
72 골목
73 비둘기
74 빌딩
75 담배
76 악수
77 구두
78 명함
79 목탁
80 도마뱀
81 얼음
82 기계
83 미술
84 밀가루
85 등
86 생쥐
87 까마귀
88 방
89 방패
90 매미
91 썰매
92 동네
93 고래
94 공원
95 사마귀
96 진달래
97 마라톤
98 공장
99 귀뚜라미

수련문제 13 다음을 기초결합법으로 심상하여 보시오.

0	개나리	34	이끼	67	가마솥
1	측우기	35	섬	68	밤나무
2	나팔꽃	36	기러기	69	소년
3	애인	37	미용실	70	까치
4	가족	38	손톱	71	선원
5	바다	39	병원	72	감자
6	탤런트	40	수레	73	번데기
7	다리	41	가마솥	74	숟가락
8	쌀	42	방귀	75	거지
9	거미	43	스위치	76	송충이
10	백두산	44	불가사리	77	경복궁
11	사진기	45	샌들	78	봉투
12	감	46	개	79	십자가
13	화산	47	벙어리	80	고양이
14	짜장면	48	아스팔트	81	씨름
15	독수리	49	사슴	82	꼴뚜기
16	설렁탕	50	성냥	83	비단
17	검은깨	51	다방	84	약
18	포크	52	공중화장실	85	꾀꼬리
19	종	53	남극	86	악마
20	라이터	54	메기	87	기생충
21	수갑	55	대학교	88	항구
22	곤장	56	굼벵이	89	은행
23	한자	57	닭	90	우유
24	창고	58	선풍기	91	마녀
25	맹꽁이	59	장화	92	나방
26	시장	60	김	93	가수
27	교회	61	도라지	94	휘발유
28	코끼리	62	대리석	95	별
29	머루	63	막걸리	96	미장원
30	안과	64	가오리	97	능구렁이
31	허수아비	65	들쥐	98	개구쟁이
32	모래	66	돈	99	풀
33	선녀				

수련문제 14 다음을 기초결합법으로 심상하여 보시오.

0	안경	34	약국	67	오리
1	저울	35	콩나물	68	무기
2	대장	36	탐정	69	맨드라미
3	고기	37	피아노	70	복숭아
4	해바라기	38	삿갓	71	산
5	사료	39	왕거미	72	원숭이
6	지팡이	40	외삼촌	73	바구니
7	교탁	41	핸드북	74	장군
8	만세	42	모기	75	비누
9	케이크	43	석유	76	생강
10	그림	44	의사	77	자
11	바퀴	45	설악산	78	배꼽
12	금고	46	칠면조	79	쥐
13	난로	47	가슴	80	식용유
14	오징어	48	달걀	81	성주
15	간장	49	상투	82	제비
16	뻐꾸기	50	복권	83	벽지
17	가랑잎	51	영화	84	청개구리
18	꿀단지	52	개미	85	알루미늄
19	원장님	53	도끼	86	투구
20	건전지	54	선생님	87	심장
21	보물	55	컴퓨터	88	거위
22	갈치	56	울릉도	89	시금치
23	떡국	57	고리	90	하모니카
24	자석	58	두루미	91	야구
25	고추	59	송사리	92	고속도로
26	붕어	60	사전	93	악기
27	해적	61	일기장	94	형사
28	수영	62	공주	95	삼국지
29	아기	63	말미잘	96	꽹과리
30	철근	64	씨	97	언덕
31	메밀	65	물수건	98	파
32	토마토	66	구슬	99	서울
33	약사				

수련문제 15 다음을 기초결합법으로 심상하여 보시오.

0	아이스크림				
1	상품	34	온천	67	부채
2	보검	35	포스터	68	뿌리
3	손	36	금관	69	경찰
4	토스트	37	뽕나무	70	쇠고기
5	기름	38	문어	71	냉수
6	뱀	39	가죽	72	벼룩
7	선물	40	실	73	강
8	목걸이	41	낚시	74	이발관
9	국수	42	버터	75	난쟁이
10	바위	43	사막	76	치마
11	쌍안경	44	귀신	77	어머니
12	비상구	45	수표	78	말
13	고추	46	마술	79	한강
14	물	47	발판	80	조개
15	양념	48	뿔	81	탈
16	부엉이	49	소나무	82	어린이
17	성경	50	동물	83	뚜껑
18	재떨이	51	물감	84	편지
19	종이	52	병신	85	전쟁
20	포장지	53	고물	86	탁아소
21	밤	54	서리	87	양복
22	샌드위치	55	대패	88	어묵
23	이발사	56	등잔	89	호수
24	잔디	57	몽둥이	90	인쇄소
25	화장품	58	예수	91	챔피언
26	미꾸라지	59	구름	92	고목
27	색종이	60	악어	93	수염
28	노루	61	도시	94	메뚜기
29	유리	62	빛	95	거머리
30	할머니	63	침대	96	소
31	면도칼	64	곰팡이	97	해삼
32	에스키모	65	시소	98	로봇
33	머리카락	66	담요	99	잠수함

기초장 이름들을 기록하십시오.

0			시간 분 초	점수	
1		34		67	
2		35		68	
3		36		69	
4		37		70	
5		38		71	
6		39		72	
7		40		73	
8		41		74	
9		42		75	
10		43		76	
11		44		77	
12		45		78	
13		46		79	
14		47		80	
15		48		81	
16		49		82	
17		50		83	
18		51		84	
19		52		85	
20		53		86	
21		54		87	
22		55		88	
23		56		89	
24		57		90	
25		58		91	
26		59		92	
27		60		93	
28		61		94	
29		62		95	
30		63		96	
31		64		97	
32		65		98	
33		66		99	

8. 기초결합법의 수련

〈수련문제 1〉을 심상한 것을 기록하십시오.

시간	분	초	점수	

#		#		#	
0					
1		34		67	
2		35		68	
3		36		69	
4		37		70	
5		38		71	
6		39		72	
7		40		73	
8		41		74	
9		42		75	
10		43		76	
11		44		77	
12		45		78	
13		46		79	
14		47		80	
15		48		81	
16		49		82	
17		50		83	
18		51		84	
19		52		85	
20		53		86	
21		54		87	
22		55		88	
23		56		89	
24		57		90	
25		58		91	
26		59		92	
27		60		93	
28		61		94	
29		62		95	
30		63		96	
31		64		97	
32		65		98	
33		66		99	

〈수련문제 2〉를 심상한 것을 기록하십시오.

0				시간　분　초	점수
1		34		67	
2		35		68	
3		36		69	
4		37		70	
5		38		71	
6		39		72	
7		40		73	
8		41		74	
9		42		75	
10		43		76	
11		44		77	
12		45		78	
13		46		79	
14		47		80	
15		48		81	
16		49		82	
17		50		83	
18		51		84	
19		52		85	
20		53		86	
21		54		87	
22		55		88	
23		56		89	
24		57		90	
25		58		91	
26		59		92	
27		60		93	
28		61		94	
29		62		95	
30		63		96	
31		64		97	
32		65		98	
33		66		99	

8. 기초결합법의 수련

〈수련문제 3〉을 심상한 것을 기록하십시오.

0					시간 분 초	점수
1		34		67		
2		35		68		
3		36		69		
4		37		70		
5		38		71		
6		39		72		
7		40		73		
8		41		74		
9		42		75		
10		43		76		
11		44		77		
12		45		78		
13		46		79		
14		47		80		
15		48		81		
16		49		82		
17		50		83		
18		51		84		
19		52		85		
20		53		86		
21		54		87		
22		55		88		
23		56		89		
24		57		90		
25		58		91		
26		59		92		
27		60		93		
28		61		94		
29		62		95		
30		63		96		
31		64		97		
32		65		98		
33		66		99		

〈수련문제 4〉를 심상한 것을 기록하십시오.

0				시간　분　초	점수	
1		34		67		
2		35		68		
3		36		69		
4		37		70		
5		38		71		
6		39		72		
7		40		73		
8		41		74		
9		42		75		
10		43		76		
11		44		77		
12		45		78		
13		46		79		
14		47		80		
15		48		81		
16		49		82		
17		50		83		
18		51		84		
19		52		85		
20		53		86		
21		54		87		
22		55		88		
23		56		89		
24		57		90		
25		58		91		
26		59		92		
27		60		93		
28		61		94		
29		62		95		
30		63		96		
31		64		97		
32		65		98		
33		66		99		

8. 기초결합법의 수련

〈수련문제 5〉를 심상한 것을 기록하십시오.

0		시간 분 초 점수	
1		34		67	
2		35		68	
3		36		69	
4		37		70	
5		38		71	
6		39		72	
7		40		73	
8		41		74	
9		42		75	
10		43		76	
11		44		77	
12		45		78	
13		46		79	
14		47		80	
15		48		81	
16		49		82	
17		50		83	
18		51		84	
19		52		85	
20		53		86	
21		54		87	
22		55		88	
23		56		89	
24		57		90	
25		58		91	
26		59		92	
27		60		93	
28		61		94	
29		62		95	
30		63		96	
31		64		97	
32		65		98	
33		66		99	

〈수련문제 6〉을 심상한 것을 기록하십시오.

0						시간	분	초	점수	
1		34		67	
2		35		68	
3		36		69	
4		37		70	
5		38		71	
6		39		72	
7		40		73	
8		41		74	
9		42		75	
10		43		76	
11		44		77	
12		45		78	
13		46		79	
14		47		80	
15		48		81	
16		49		82	
17		50		83	
18		51		84	
19		52		85	
20		53		86	
21		54		87	
22		55		88	
23		56		89	
24		57		90	
25		58		91	
26		59		92	
27		60		93	
28		61		94	
29		62		95	
30		63		96	
31		64		97	
32		65		98	
33		66		99	

8. 기초결합법의 수련

〈수련문제 7〉을 심상한 것을 기록하십시오.

0					시간 분 초	점수	

1		34		67	
2		35		68	
3		36		69	
4		37		70	
5		38		71	
6		39		72	
7		40		73	
8		41		74	
9		42		75	
10		43		76	
11		44		77	
12		45		78	
13		46		79	
14		47		80	
15		48		81	
16		49		82	
17		50		83	
18		51		84	
19		52		85	
20		53		86	
21		54		87	
22		55		88	
23		56		89	
24		57		90	
25		58		91	
26		59		92	
27		60		93	
28		61		94	
29		62		95	
30		63		96	
31		64		97	
32		65		98	
33		66		99	

〈수련문제 8〉을 심상한 것을 기록하십시오.

0					
			시간	분 초	점수

#		#		#	
1		34		67	
2		35		68	
3		36		69	
4		37		70	
5		38		71	
6		39		72	
7		40		73	
8		41		74	
9		42		75	
10		43		76	
11		44		77	
12		45		78	
13		46		79	
14		47		80	
15		48		81	
16		49		82	
17		50		83	
18		51		84	
19		52		85	
20		53		86	
21		54		87	
22		55		88	
23		56		89	
24		57		90	
25		58		91	
26		59		92	
27		60		93	
28		61		94	
29		62		95	
30		63		96	
31		64		97	
32		65		98	
33		66		99	

8. 기초결합법의 수련

〈수련문제 9〉를 심상한 것을 기록하십시오.

0				시간	분 초	점수	
1		34			67		
2		35			68		
3		36			69		
4		37			70		
5		38			71		
6		39			72		
7		40			73		
8		41			74		
9		42			75		
10		43			76		
11		44			77		
12		45			78		
13		46			79		
14		47			80		
15		48			81		
16		49			82		
17		50			83		
18		51			84		
19		52			85		
20		53			86		
21		54			87		
22		55			88		
23		56			89		
24		57			90		
25		58			91		
26		59			92		
27		60			93		
28		61			94		
29		62			95		
30		63			96		
31		64			97		
32		65			98		
33		66			99		

〈수련문제 10〉을 심상한 것을 기록하십시오.

0			34			67		시간 분 초 점수

1		34		67	
2		35		68	
3		36		69	
4		37		70	
5		38		71	
6		39		72	
7		40		73	
8		41		74	
9		42		75	
10		43		76	
11		44		77	
12		45		78	
13		46		79	
14		47		80	
15		48		81	
16		49		82	
17		50		83	
18		51		84	
19		52		85	
20		53		86	
21		54		87	
22		55		88	
23		56		89	
24		57		90	
25		58		91	
26		59		92	
27		60		93	
28		61		94	
29		62		95	
30		63		96	
31		64		97	
32		65		98	
33		66		99	

8. 기초결합법의 수련

〈수련문제 11〉을 심상한 것을 기록하십시오.

0				시간 분 초	점수
1		34		67	
2		35		68	
3		36		69	
4		37		70	
5		38		71	
6		39		72	
7		40		73	
8		41		74	
9		42		75	
10		43		76	
11		44		77	
12		45		78	
13		46		79	
14		47		80	
15		48		81	
16		49		82	
17		50		83	
18		51		84	
19		52		85	
20		53		86	
21		54		87	
22		55		88	
23		56		89	
24		57		90	
25		58		91	
26		59		92	
27		60		93	
28		61		94	
29		62		95	
30		63		96	
31		64		97	
32		65		98	
33		66		99	

〈수련문제 12〉를 심상한 것을 기록하십시오.

0			시간　　분　　초　점수	
1		34		67
2		35		68
3		36		69
4		37		70
5		38		71
6		39		72
7		40		73
8		41		74
9		42		75
10		43		76
11		44		77
12		45		78
13		46		79
14		47		80
15		48		81
16		49		82
17		50		83
18		51		84
19		52		85
20		53		86
21		54		87
22		55		88
23		56		89
24		57		90
25		58		91
26		59		92
27		60		93
28		61		94
29		62		95
30		63		96
31		64		97
32		65		98
33		66		99

〈수련문제 13〉을 심상한 것을 기록하십시오.

0						시간 분 초	점수	
1		34		67	
2		35		68	
3		36		69	
4		37		70	
5		38		71	
6		39		72	
7		40		73	
8		41		74	
9		42		75	
10		43		76	
11		44		77	
12		45		78	
13		46		79	
14		47		80	
15		48		81	
16		49		82	
17		50		83	
18		51		84	
19		52		85	
20		53		86	
21		54		87	
22		55		88	
23		56		89	
24		57		90	
25		58		91	
26		59		92	
27		60		93	
28		61		94	
29		62		95	
30		63		96	
31		64		97	
32		65		98	
33		66		99	

〈수련문제 14〉를 심상한 것을 기록하십시오.

0				시간　　분　　초	점수
1		34		67	
2		35		68	
3		36		69	
4		37		70	
5		38		71	
6		39		72	
7		40		73	
8		41		74	
9		42		75	
10		43		76	
11		44		77	
12		45		78	
13		46		79	
14		47		80	
15		48		81	
16		49		82	
17		50		83	
18		51		84	
19		52		85	
20		53		86	
21		54		87	
22		55		88	
23		56		89	
24		57		90	
25		58		91	
26		59		92	
27		60		93	
28		61		94	
29		62		95	
30		63		96	
31		64		97	
32		65		98	
33		66		99	

8. 기초결합법의 수련

〈수련문제 15〉를 심상한 것을 기록하십시오.

0					시간 분 초 점수	
1		34		67	
2		35		68	
3		36		69	
4		37		70	
5		38		71	
6		39		72	
7		40		73	
8		41		74	
9		42		75	
10		43		76	
11		44		77	
12		45		78	
13		46		79	
14		47		80	
15		48		81	
16		49		82	
17		50		83	
18		51		84	
19		52		85	
20		53		86	
21		54		87	
22		55		88	
23		56		89	
24		57		90	
25		58		91	
26		59		92	
27		60		93	
28		61		94	
29		62		95	
30		63		96	
31		64		97	
32		65		98	
33		66		99	

9

기초결합법의 응용

수련문제

수련문제 1

복숭아나무의 특징 – 복숭아 나뭇가지

1. 뿌리, 줄기, 잎의 모양이 분명하다. – 나뭇가지
2. 종자식물이며, 속씨식물이다. – 복숭아
3. 꽃은 갖춘꽃이며, 갈래꽃이며 양성화된 꽃이다. – 2장의 꽃잎
4. 줄기에는 형성층이 있고, 잎맥은 그물맥이다. – 형과 그물

 **연상** 2장의 꽃잎이 달리고 복숭아 1개가 매달린 나뭇가지를 상상합니다.

1. 나뭇가지는 특이하게 뿌리, 줄기, 잎이 분명히 달려 있다.
2. 복숭아는 속에 종자인 씨가 들어 있다.
3. 햇빛을 받고 빛나는 2개의 갈라진 잎은 아름다움도 갖춘 꽃이다.
4. 형이 나뭇가지의 중간을 잡고, 잎을 그물로 감싸고 있다.

수련문제 2

길 안내하기의 유의점 - 오토바이 탄 경찰관

1. 방향과 거리를 정확하게 알려준다. - 길 안내하는 장갑 낀 손

2. 걸리는 시간을 정확하게 알려준다. - **정확한 시계**

3. 이용할 교통편을 구체적으로 알려준다. - **오토바이**

4. 이용할 주요 표지물을 구체적으로 알려준다. - 중요하게 보이는 경찰 표지 마크

5. 표현은 구체적으로 하되, 간단하게 말한다. - 절도 있게 들리는 구수한 목소리

 오토바이를 탄 경찰관이 길 안내하는 모습을 상상하며 인출단서를 적용시켜 보십시오.

수련문제 3

많은 사람들의 이야기 듣기 – 모인 장소의 환경을 기초로 하여 요약된 핵심 낱말을 기초 결합시킵니다.

지금 거실에 앉아 친구들과 이야기를 나눈다고 가정합니다.

1. 사과 값이 올랐습니다. – 액자
　　액자에 사과가 들어 있습니다.

2. 배추 값은 내렸습니다. – 피아노
　　피아노 위에 배추를 올려놓았습니다.

3. 국어책을 돌려주십시오. – 탁자
　　탁자 위에 국어책이 올려져 있습니다.

4. 교장 선생님이 정년퇴직을 하십니다. – 출입구
　　출입구에서 교장 선생님이 나가십니다.

5. 당신을 찾는 전화가 있었습니다. – 전화기
　　전화기에서 벨이 울립니다.

6. 음악회에 참석합시다. – 피아노 의자
　　피아노 의자에 음악회 초대권이 있습니다.

7. 생일에 초대하겠습니다. – 소파
　　소파 위에 케이크를 올려놓았습니다.

8. 사진을 찍었습니다. – 오디오
　　오디오의 스피커에서 사진이 튀어나옵니다.

9. 영어 웅변대회에서 우승을 하였습니다. – 커피잔
　　커피잔 속에서 웅변대회 우승컵이 나옵니다.

10. 교회에 나갑시다. – 거실 창문
　　거실 창문에 교회가 그려져 있습니다.

Photo Mnemonic System
Photo Reading
Study Technics

Photo Mnemonic System
Photo Reading
Study Technics

변환법

1. 변환법의 정의
2. 의미 구성 및 심상 법칙

변환법의 정의

변환법이란 기억하기 어려운 학습물이나 내용 등을 기억하기 좋은 상태인 형상적인 상태로 변환시켜 기억하는 방법을 말합니다. 앞에서 배운 연상결합법이나 기초결합법에서는 기억하기 쉬운 형태가 있는 명사들을 이용하여 기억해 왔으나, 변환법에서는 추상적인 낱말이나 형용사, 동사, 구, 절 등을 변환법을 이용하여 기억하기 쉬운 형상 내용으로 만들어 기억하는 수련을 하겠습니다. 이 형상 내용을 '인출단서'라 합니다.

지금까지 사용했던 내용들은 의미를 쉽게 파악할 수 있으며 상상하기 쉬운 것이었으므로 배우기가 쉬웠습니다. 그러나 의미가 이해하기 어렵고 형태가 없는 추상적인 내용은 기억하기가 어렵습니다. 따라서 기억의 인출단서를 만들어 이것을 이용하여 기억하는데, 의미를 모르는 것은 의미를 만들어 주고 의미를 알 수 있는 것은 형상화하여 기억한다면 아무리 어려운 내용일지라도 어려움 없이 기억할 수 있습니다. 이와 같이, 추상적인 학습물에서 인출단서를 만들어 심상하는 과정을 '변환 과정'이라 하는데, 구체적으로 변환시키는 과정에는 일반적으로 다음과 같은 3단계 과정이 있습니다.

1단계 : 형상을 만드는 단계로서 기억하고자 하는 학습물을 자기 자신이 기억하기 쉬운 상태로 뜻을 첨가하거나 바꾼다.
2단계 : 마음으로 상상하는 단계로서 만들어진 형상(인출단서)대로 상상한다.
3단계 : 감각과 감정을 느끼는 단계로서 상상한 형상에서 현실적으로 감각과 감정의 자극을 받고 느낀다.

변환법의 3단계는 동시성을 가져야 합니다. 그것은 **스타킹 심상학습기억법**의 목적인 '신속하게 기억한다.'를 이루기 위함입니다만 대뇌가 활동할 수 있는 과정이기 때문입니다. 그리고 아무리 잘 기억한다 하더라도 신속하게 기억하지 못한다면 **스타킹 심상학습기억법**을 배우는 의미가 없습니다. 여러분이 기억법을 터득하다 보면 이 동시성의 의미를 이해할 수 있을 것입니다.

　스타킹 심상학습기억법의 기본 원리인 눈으로 보는 것이 뇌가 쉽게 이해하고 이해가 되면 감정과 감각을 느껴 그 내용을 영구기억 상태로 바꾼다는 것을 다시 한 번 강조합니다.

의미 구성 및 심상 법칙

변환법을 적용하여 인출단서를 만들어 기억을 할 경우, 뜻(의미)을 만들고 심상(상상+감동)을 해야 하는데, 성공적으로 쉽게 이룰 수 있는 방법적 법칙을 같이 생각해 보겠습니다.

1. 과장법

일반적이며 평이한 내용은 이해하기는 쉬우나 기억하기에는 대뇌를 자극하지 못하는 경우가 많아, 기억했을 때 재생이 안 되는 현상이 많습니다. 그래서 의미를 만들 때는, 과장된 표현을 써서 대뇌의 생리적 현상을 이용하여 관심이 갈 수 있도록 해야 합니다. 과장법에는 과대법과 과소법이 있습니다. 일단 학습물에서 기억하기 쉬운 인출단서를 만들었으면, 이 인출단서를 가지고 과장법이나 과소법을 적용시키면 기억이 된 것입니다. 일반적으로 가장 많이 사용하는 방법입니다.

예) 자전거가 하늘을 날아간다.
할머니께서 바위 속에 들어가신다.
버스가 콩알만 하다.

2. 충격법

육체적, 정신적으로 자극을 받았을 때에 기억에 남는 상태를 이용한 것으로, 육체와 정신에 자극을 주는 방법입니다. 그러나 지나친 육체적이며 엽기적인 자극이나 비극적 상상은 잠재의식이 받아들이기를 거부하므로 쉽게 기억은 되나 장기적 기억은 힘듭니다. 잠재의식이 기억을 거부할 경우 이것은 영원히 기억되지 않을 수도 있습니다. 인간은 항상 잠재적으로 행복한 상태를 추구하기 때문에 비록 상상일지라도 잠재의식이 비극적 상황을 기억하려고 하지 않아, 기억이 무의식 중에 소멸되기 때문입니다. 그러므로 자극적이며 충격적인 방법이라도 재미있고 행복한 상태로 자극을 주는 것이 바른 방법입니다. 순간 기억이 잘 된다고 장기 기억이 될 수 없는 상황을 만들어 기억하는 것은 어리석은 일입니다.

예) 손가락에 못이 박혔다. → 손가락 끝에서 못이 나온다.
수학 점수를 빵점 받았다. → 수학 시험지가 빵 속에 있다.
비행기가 머리에 부딪쳐 머리가 깨졌다. → 비행기가 머리에 부딪쳐 비행기가 박살났다. 비행기가 아파서 쩔쩔맨다.

3. 초연상법

인출단서는 먼저 떠오른 생각으로 사용하는 것이 바람직합니다. 왜냐하면, 생각이라는 자극을 받았을 때, 잠재의식은 그 생각과 가장 관련 깊은 의식을 제일 먼저 되살려 주기 때문입니다. 그러므로 제일 먼저 떠오른 초상으로 연상하여 기억하는 것이 기억을 재생하기에 유리합니다. 따라서 처음 떠오른 심상이나 의미를 그대로 살려 기억해야 합니다. 이런 이유로 될수록 처음 떠오른 심상을 바꾸어서는 안 됩니다. 자신이 화가 났을 때는 파괴적으로 기쁠 때는 신나는 장면이 떠오를 수밖에 없는 것입니다. 현재의 심리상태가 적용되기 때문이지요.

4. 의인법

학습물을 의인화시켜 기억하는 방법으로 모든 사물에 생명을 주고 인간과 같은 성질을 갖게 하여 기억하는 방법입니다. 동식물이든 무생물이든 생명을 주어 인간화시키면 과장되고 충격적인데다가 감정이 개입되므로 기억이 쉬워집니다.

예) 비행기가 스키를 탑니다.
강아지가 양복을 입었습니다.
농구공이 말을 합니다.

5. 특징법

기억하고자 하는 학습물의 인출단서로 기억을 할 때에, 그 인출단서가 나타내는 특징만을 심상하여 기억하는 방법입니다. 이것은 기억을 하고자 할 때 자연스럽게 이루어지는 상태이지만, 혹시나 잘 이해하지 못하는 분들을 위하여 설명합니다. 우리가 사과를 생각해도 사과의 속성·모양·구조 모두를 생각하는 것이 아니라 사과의 특징을 나타내는 것 중 일부분만 떠오르게 되는데, 그것만으로도 사과를 기억하고 표현할 수 있는 것을 말합니다. 그러므로 지나치게 세세히 전체를 기억하려고 노력하지 않아도 될 것입니다. 이와 같이, 기억하고자 하는 사물이나 내용의 특징만을 생각해도 전체를 다 기억할 수 있으므로, 중요한 특징만을 연상하는 방법입니다.

6. 희락법

학습물을 재미있고, 유쾌한 내용으로 변환하여 기억하는 방법입니다. 우리의 과거를 돌이켜 봐도, 즐거웠던 일이 먼저 생각나고 슬프거나 비극적인 내용은 거의 그 감정이 살아나지 않는 것을 느낄 수 있을 것입니다. 이것은 행복을 추구하는 우리의 잠재의식이 괴로웠던 기억은 떠오르지 못하게 하고, 즐거웠던 기억은 오래도록 유지하게 하여, 인생을 즐겁게 보낼 수 있도록 하기 때문입니다. 그러므로 즐겁게 생각하는 것이 쉽게 기억하는 방법이 됩니다. 충격법과 대조적으로 생각하시는 분이 있으시겠으나, 상호 보완적으로 생각해야 합니다. 충격을 재미있고 신나는 충격으로 바꾸면 됩니다.

7. 음률법

학습물 자체에서 메마르고 추상적인 느낌을 많이 받을 때는, 이를 부드럽고 리듬이 넘치는 상태로 바꾸면 기억하기가 쉬워집니다. 다시 말하면, 학습물에 음악적 요소를 첨가시켜 리듬으로 기억하는 방법을 말합니다. 7·5 조의 음률을 이용하여 학습물을 기억할 수도 있고, 기존의 음악의 가사를 학습물로 바꾸어 기억하는 방법도 있습니다. 노래는 처음 시작부터 끝 소절까지 하나의 이어진 리듬으로 만들어져 있기 때문에, 처음 가사를 알면 끝까지 노래를 부를 수가 있습니다. 다시 말하면, 우리의 뇌는 한 노래를 한 단어 또는 한 문장처럼 취급하기 때문에 앞 소절만 알면 자연스럽게 끝까지 기억하는 능력을 나타낸다는 것입니다. 그러므로 학습 내용을 기억하기 힘들 때는, 알고 있는 노래의 가사 대신에 가사에 맞추어 학습물의 내용을 대체하여 노래를 부르면 기억이 의외로 잘되는 것을 느낄 수 있을 것입니다. 작곡할 수 있는 능력만 있다면 학습물의 내용을 이용하여 노래를 만들어 보는 것도 좋은 방법이라고 생각합니다.

예) 조선왕조 기억 → 4·3 조의 음률로 기억
태정태세 문단세   예성연중 인명선
광인효현 숙경영   정순헌철 고순(종)

분수의 덧셈·뺄셈은 분모를 통분하여 계산하며, 통분한 분모를 공통분모 / 분모를 같게 할 때는 최소공배수를 구한 뒤, 분수의 성질을 이용한다. / 분수의 크기를 알 때는, 먼저 분모를 같게 하여 분자의 크기를 비교한다. / $\frac{3}{4}$과 같이 분모와 분자의 공약수가 1뿐인 분수를 기약분수 / 분모와 분자를 그들의 공약수로 나누는 것을 약분 / 최대공약수로 분모·분자를 나누었을 때, 기약분수 / 분수의 답은 꼭 기약분수로 나타낸다. — 김동주 선생님 작

산토끼 토끼야 어디를 가느냐
삼각형 넓이는 밑-변 곱하기
깡충깡충 뛰면서 어디를 가느냐
높-이 나누기 2하면 됩니다.

학교종이 땡땡땡 어서 모이자
삼각형의 넓이는 밑변 곱하기
선생님이 우리를 기다리신다
높-이 나누기 2하면 되지요.

떴다 떴다 비행기 날아라 날아라
삼각형의 넓이는 밑-변 곱하기
높이 높이 날아라 우리 비행기
높-이 나누기 2하면 됩니다.

송아지 송아지 얼-룩 송아지
삼각형 넓이는 밑-변 곱하기
엄마소도 얼룩소 엄마 닮았네
높-이 나누기 2하면 됩니다.

Photo Mnemonic System
Photo Reading
Study Technics

변환법의 연습

1. 변환법의 연습
2. 여러 형태의 인출단서를 만들어 변환법 적용하기

변환법의 연습

변환법의 변환 과정과 인출단서를 이용하여 변환법의 연습을 해보도록 하겠습니다. 다음 단어를 보고 떠오르는 대로 인출단서를 만들어 이 인출단서를 기초결합법으로 기억하세요.

수련문제 1

1. 왜소하다
2. 텁텁하다
3. 당당하다
4. 수려하다
5. 고소하다
6. 덥다
7. 고귀하다
8. 긴장하다
9. 널찍하다
10. 큼직하다
11. 야릇하다
12. 신선하다
13. 깐깐하다
14. 이상하다
15. 예리하다
16. 서운하다
17. 울적하다
18. 말쑥하다
19. 담담하다
20. 소심하다
21. 아담하다
22. 열렬하다
23. 어색하다
24. 연약하다
25. 아늑하다
26. 흉악하다
27. 가련하다
28. 여리다
29. 형편없다
30. 침착하다
31. 짜릿짜릿하다
32. 토실토실하다
33. 행복하다
34. 불안하다
35. 놀랍다
36. 수상하다
37. 급하다
38. 순하다
39. 근사하다
40. 짜증스럽다
41. 엄숙하다
42. 대담하다
43. 붉다
44. 잔인하다
45. 간사하다
46. 춥다
47. 추하다
48. 딱딱하다
49. 오목조목하다
50. 끔찍하다

51	부드럽다	76	힘들다
52	갸름하다	77	시큼하다
53	찬란하다	78	어렴풋하다
54	상냥하다	79	매력적이다
55	현명하다	80	으리으리하다
56	악랄하다	81	우중충하다
57	고상하다	82	우아하다
58	부끄럽다	83	부지런하다
59	순수하다	84	열광적이다
60	가냘프다	85	싸늘하다
61	싱겁다	86	너그럽다
62	세련되다	87	재미있다
63	씩씩하다	88	싱싱하다
64	짜다	89	구수하다
65	명확하다	90	신난다
66	뚱뚱하다	91	산뜻하다
67	고약하다	92	불쾌하다
68	외롭다	93	멍청하다
69	게으르다	94	날카롭다
70	달다	95	정답다
71	괴롭다	96	아름답다
72	웅장하다	97	어둡다
73	맵시가 있다	98	밝다
74	유치하다	99	멋있다
75	정중하다	0	뛰어나다

★ 어려워하는 학습자들을 위하여 예를 들어보겠습니다.

1. **왜소하다** : 왜놈 → 일본 사람

    기억 → 일본 사람이 전면 간판에 매달려 있다. 표현 → 왜소하다

2. **텁텁하다** : 입안이 텁텁하다 → 먼지

    기억 → 돌출 간판이 먼지가 많아 텁텁하다. 표현 → 텁텁하다

3. **당당하다** : 군인

    기억 → 군인이 손수레를 끌고 있다. 표현 → 당당하다

이와 같이 기억하여 표현해 보세요.

수련문제 2 인출단서를 만들지 말고 내용의 뜻과 신체장을 바로 연결하여 기초결합법으로 기억하시오.

1	쫓겨나다	11	심다	21	졸다
2	빼다	12	수술하다	22	떠들다
3	반죽하다	13	칭찬하다	23	빗다
4	노래하다	14	없다	24	찍다
5	성장하다	15	낳다	25	잠들다
6	소심하다	16	끼다	26	까불다
7	기르다	17	죽다	27	장난치다
8	대답하다	18	도망치다	28	생각하다
9	간호하다	19	바르다	29	자르다
10	질문하다	20	대화하다	30	뒤돌아서다

★ 여기에서는 인출단서를 만들지 않고 내용의 뜻과 신체장을 이용하여 기억해 보기로 하겠습니다.

1. 쫓겨나다 – 머리에서 머리카락이 쫓겨나다 : 대머리
2. 빼다 – 이마에서 골을 빼다 – 골빈 사람
3. 반죽하다 – 눈썹을 반죽하다
4. 노래하다 – 눈으로 노래하다
5. 성장하다 – 귀가 길쭉하게 성장하다
6. 소심하다 – 코가 소심하게 작아지다
7. 기르다 – 인중에서 수염을 기르다
8. 대답하다 – 입으로 대답하다
9. 간호하다 – 턱을 간호하다
10. 질문하다 – 목잡고 질문하다 : 너 돈 가진 것 있어?(깡패가)

이와 같이 30번까지 기억하고 빈 페이지에 기록해 보세요.

수련문제 3 다음 단어에서 인출단서를 만들어 이야기식 연상결합법으로 기억합니다.

이야기식 연상결합법은 줄거리를 이끌어갈 환경이 필요한데, 이 환경은 첫 단어에서 결정합니다.

'노래하다'에서 노래하는 장면이 나오는 텔레비전을 환경으로 만듭니다.

- **노래하다** ▶ 텔레비전에서 가수가 노래하는 것을 보고
- **상상하다** ▶ 나도 가수가 돼야겠다고 상상해 본 후
- **깎다** ▶ 결심을 확고히 하기 위하여 머리를 깎았다.
- **비틀다** ▶ 몸을 비틀며 춤을 연습하다가
- **넘어지다** ▶ 미끄러져 넘어졌다.
- **입다** ▶ 언니 옷을 몰래 입었었는데
- **꼬집다** ▶ 넘어지는 소리에 들켜서 언니에게 꼬집혔다.
- **공부하다** ▶ 공부나 하라고
- **소리치다** ▶ 언니가 소리쳐서 속이 상해 울었더니
- **안아 주다** ▶ 언니가 미안했던지 다가와서 안아 준다.
- **가르치다** ▶ 그리고 춤을 배우고 싶다면 가르쳐 주겠다고
- **말하다** ▶ 다정하게 말한다.
- **욕하다** ▶ 나는 속으로 욕해서 미안하다고 사과하고
- **웃다** ▶ 언니와 나는 화해하고 같이 웃었다.
- **구기다** ▶ 언니 옷이 구겨져서
- **가져오다** ▶ 언니가 새 옷을 가져와 입혀 주었는데
- **사다** ▶ 어디에서 샀는지 참 보기 좋았다.
- **타다** ▶ 나는 너무 좋아 언니에게 커피를 타다 주었다.
- **데려오다** ▶ 친구들을 데려와 옷 자랑과 언니 자랑을 한 후
- **빨다** ▶ 시간이 지나 보니 옷이 더러워져 그 옷을 빨고
- **말리다** ▶ 말린 후 잘 다려서 언니에게 돌려주었다.

수련문제 4 이야기식 연상결합법으로 기억하시오.

- 화내다 :
- 연습하다 :
- 풀다 :
- 추측하다 :
- 운동하다 :
- 노래하다 :
- 튕기다 :
- 눕다 :
- 발견하다 :
- 일어서다 :
- 발명하다 :
- 앉다 :
- 창조하다 :
- 만지다 :
- 때리다 :
- 잡다 :
- 차다 :
- 연상하다 :
- 호흡하다 :
- 일하다 :
- 감사하다 :
- 인정하다 :
- 즐겁다 :

여러 형태의 인출단서를 만들어 변환법 적용하기

인출단서를 변환법의 모든 법칙을 이용하여 기억하겠습니다.
학습자 여러분께서는 이 과정을 상당히 주의하여 수련하여 주시기를 바랍니다.

1. 추상 단어에 형상 단어를 결합시켜 만든 인출단서

기억을 잘하려면 추상적인 단어를 형상적인 단어나 문장으로 만들어 기억하는 것이 좋은 방법입니다. 그러므로 추상적인 단어에 형상 단어를 첨가하여 새로운 이미지의 형상을 만들어 기억해야 합니다.

공동 – 공동 + 묘지 = 공동묘지
사회 – 사회 + 책 = 사회책
생활 – 생활 + 계획표 = 생활계획표
발전 – 발전 + 소 = 발전소
집합 – 집합 + 장소 = 집합 장소
임금 – 임금 + 님 = 임금님

2. 단어의 글자를 글짓기로 만든 인출단서

3행시나 4행시처럼 단어나 문장을 이루고 있는 글자를 가지고, 형상적인 단어나 문장으로 만들어 기억하는 방법입니다.

발휘 – 발가락 지휘
불행 – 불타는 행주
중요 – 중화요리
야욕 – 야수의 목욕
고장 – 고소한 된장
인성 – 인자한 성인

3. 뜻이 다른 동일한 음을 이용하여 만든 인출단서

　추상적인 단어를 자신이 알고 있는 동일한 음의 단어로 바꾸어, 뜻을 풀이하여 만드는 방법입니다.

　적화(赤化) – 적화(赤花 – 붉은 꽃)
　고장(故障) – 고장(마을)
　절도(節度) – 절도(竊盜 – 도둑질)
　정직(正直) – 정직(停職 – 실업자로 생각)
　지도(指導 – 가르치다) – 지도(地圖 – 지리부도)
　인상(引上 – 올리다) – 인상(人象 – 사람의 모양)
　사전(事前 – 일의 전) – 사전(辭典 – 국어사전, 영어사전)

4. 단어의 글자의 순서를 뒤집어서 만든 인출단서

　추상적인 단어의 글자를 뒤집으면 형상적인 단어가 되는 경우를 이용하여 기억하는 방법입니다.

　국자감 – 감잣국
　전파 – 파전
　선풍 – 풍선
　중대 – 대중(많은 사람)
　발신 – 신발
　원정 – 정원
　ten(열) – net(그물)
　top(꼭대기) – pot(주전자)

5. 단어에서 연상된 이미지를 이용한 인출단서

　추상적인 단어나 문장에서 인출해 낼 수 있는 형상적인 내용으로 기억하는 방법입니다.

　가난 – 거지(가난한 거지)
　능력 – 장사(힘 있는 장사)

세월 – 달력
근본 – 뿌리
기업 – 은행
협업 – 공장

6. 그림으로 표현한 인출단서

추상적인 단어나 문장을 그림으로 표현하여 기억하는 방법입니다.

마음 – 하트 ♥
소망 – 기도하는 손
믿음 – 십자가 †
사랑 – 솜사탕
진리 – 성경
기쁨 – 노래(♫)
도전 – 권투선수

7. 비슷한 음으로 표현한 인출단서

추상적인 단어와 유사한 음을 이용하여 형상적인 단어나 문장으로 만들어 기억하는 방법입니다.

부유 – 분유
집단 – 짚단
언어 – 인어
풍습 – 풍선
추구 – 축구
바캉스 – 박카스
부진 – 버짐
충격 – 총각

수련문제 5 다음 단어들을 형상 단어로 바꿔 기억하세요.

0	사실				
1	임금	34	순종	67	영향
2	기업	35	실업	68	민주
3	이윤	36	절약	69	협조
4	증대	37	사치	70	화목
5	수출	38	우선	71	도움
6	기술	39	계획	72	춘추
7	발명	40	짜임새	73	감화
8	전동력	41	의료	74	참여
9	과학	42	교통	75	불편
10	설계	43	교육	76	치료
11	다양	44	소득	77	일터
12	보수	45	저축	78	책임
13	협업	46	지출	79	주장
14	단순	47	슬기	80	자유
15	분업	48	소비	81	호소
16	의미	49	운반	82	간섭
17	용역	50	생산	83	권리
18	가공	51	관계	84	직업
19	자연	52	판매	85	열심
20	인공	53	행복	86	안심
21	바탕	54	필요	87	질서
22	부진	55	외침	88	분열
23	종류	56	경제	89	명심
24	액수	57	파괴	90	국력
25	개근	58	시작	91	노력
26	보탬	59	건설	92	보호
27	겨레	60	복지	93	안전
28	평소	61	봉사	94	생명
29	재난	62	정신	95	모습
30	활용	63	공익	96	찬란
31	장래	64	사업	97	문화
32	사고	65	피해	98	독립
33	입원	66	행동	99	운동

수련문제 6 다음 단어들을 형상 단어로 바꿔 기억하세요.

0	등장				
1	통신	34	실생활	67	간과
2	요즈음	35	자택 근무	68	기회
3	일반	36	공과금	69	소중
4	가정	37	진솔	70	만남
5	사무직	38	형태	71	성장
6	청소	39	회선	72	지식
7	구경	40	가능	73	인성
8	제한	41	한방	74	선도
9	계층	42	쇼핑	75	사랑
10	일상	43	예약	76	찬송
11	생활	44	변화	77	일진
12	현기증	45	가치관	78	평소
13	정도	46	전보	79	우정
14	하루	47	검사	80	진출
15	발전	48	저장	81	몰두
16	규모	49	속도	82	기피
17	기체	50	장비	83	매일
18	전산	51	보급	84	출근
19	독서	52	소수	85	인사
20	무대	53	관심	86	동료
21	가격	54	미용	87	연대
22	추세	56	대화	88	근무
23	복사	56	풍요	89	비교
24	친숙	57	이득	90	방식
25	기계	58	사용	91	현격
26	개인	59	인간성	92	자명
27	필요	60	상실	93	양면
28	구입	61	전설	94	수요
29	직장	62	현세	95	감소
30	업무	63	항상	96	삭막
31	이용	64	홍수	97	현실
32	사회	65	일정	98	친분
33	현대	66	여유	99	세상

Photo Mnemonic System
Photo Reading
Study Technics

12 심상 4단계

1. 심상 4단계의 정의
2. 심상 4단계의 정리

심상 4단계의 정의

　심상 4단계는 학습물의 기억 과정을 단계별로 나누어 학습함으로써, 응용 실력을 보다 쉽게 높일 수 있도록 만든 수련 단계를 말합니다. 기억법을 이해하였다고 기억법을 응용할 수 있는 것은 아닙니다. 이해가 기억에 도움을 주는 것은 두말할 필요가 없으나, 능동적으로 기억법의 모든 방법과 기술을 사용할 수는 없습니다. 그것은 기억법을 사용하자면 보다 개발된 두뇌와 숙달된 기능과 기술이 필요하기 때문입니다. 그래서 두뇌를 개발시킴과 동시에 보다 빠른 기억 능력을 형성시킬 수 있는 방책으로 수련을 많이 해야 합니다. 그 방법이 바로 심상 4단계입니다. 특별히 이 심상 4단계 수련에 힘쓰셔서 천재적인 기억의 소유자가 되십시오.

1단계 : 학습물을 보고 어떻게 기억할 것인지 방법을 선택한다.
　학습물을 어떻게 기억할까? 하는 것이 우리의 첫 번째 고민이 됩니다. 여러분이 아셔야 할 것은 기억법이란 결국 '연상 학습'의 원리를 벗어날 수 없다고 주장하였으나, 이어서 생각하는 '연상 학습'보다도 현대 의학인 대뇌생리학에서 밝혀낸 바와 같이, 심상에 의한 감각과 감정의 자극에 의하여 기억이 이루어지는 것입니다. 다시 말하면, 기억법의 궁극적 원리는 '자기 자신이 알고 있는 모든 사실(잠재적 의식 포함)과 기억하고자 하는 학습물과의 심상(감각+감정)에 의해 기억되는 것이므로, 학습물에서 만들어낸 인출단서를 대뇌의 심상 활동을 통하여 기억시킴으로서, 자기 자신이 알고 있는 사실처럼 기억할 수 있게 하는 것입니다.
　그러므로 기억법의 방법과 기법이 수백 수천 가지라 해도 심상 학습의 범위를 벗어날 수는 없습니다. 이 점을 생각하여 기억법의 기초를 이루고 있는 방법인 연상결합법과 기초결합법, 그리고 두 가지를 병행한 기초연상결합법 중에서 한 가지를 선택합니다. 그러면 '어떻게 기억할까?'라는 고민은 해결이 됩니다. '오직 연상결합법이냐?', '기초결합법이냐?', '기초연상결합법이냐?' 하는 세 가지 방법 중에서 선택하기 때문입니다.

연상결합법은 고리식 연상결합법과 이야기식 연상결합법으로 분류하며, 기초결합법은 기초장과 특수장, 즉석장을 이용하여 기억합니다.

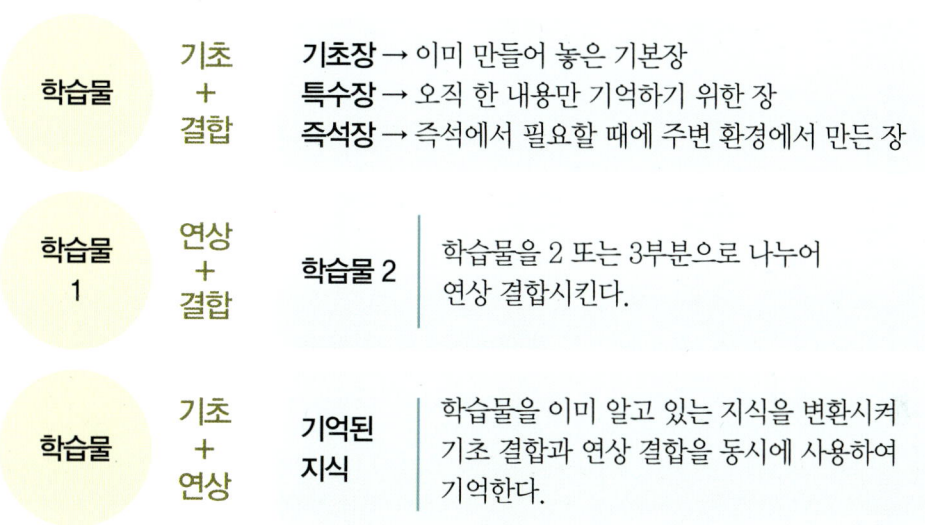

2단계 : 학습물의 모양대로 인출단서를 만든다.

학습물의 형태대로 인출단서를 만드는 것이 중요합니다.

기억법을 적용시킬 때, 두 번째로 힘든 것이 어떻게 인출단서를 만들 것인가 하는 것입니다. 이것 역시 차분히 생각해 보면 큰 문제는 아닙니다. 그것은 학습물의 형태대로 인출단서를 만들면 됩니다. 인출단서는 의미와 형상을 모르는 내용에서만 만들면 됩니다.

몇 가지 예를 들어보겠습니다.

예1) 서정주 – 국화 옆에서

  인출단서 : 서정을 주로 느낀다 – 국화 옆에서

예2) 3대 영양소와 6대 영양소

    탄수화물 단백질 지방 – 물 무기질 비타민

  인출단서 : 연탄화물차 담배 지방(시골) 물 무기 비탈길

예3) 식물의 광합성

광합성 → 포도당 → 호흡
　　　　　↓
　　　녹말 + 셀룰로오스

→ 글리세롤 + 지방산 → 지방 + 인 → 인지질
→ 유기산 + 아미노산 → 단백질
→ 헥산 + 엽록소

광주리 → 포도 → 콧구멍 입
　　　　　↓
　　　말 + 셀로판지

→ 그렁그렁 새어나오는 코 + 지랄 방정 → 지방! + 인석! → 인석 저질이네!
→ 유산(금코마개) + 아마도 놀랄 거야 → 담배
→ 헥~! 헥~! + 염소

3단계 : 인출단서로 심상(상상+느낌)작업하여 기억한다.

인출단서를 이용하여 심상작업하여 기억합니다. 의미를 준 대로 상상하고, 감각과 감정을 인위적으로 연출하여 느낍니다. 이렇게 하면 대뇌는 이 상황을 실제처럼 인식할 수 있게 되고 기억도 정확하게 합니다. 기억을 잘하려면 형상을 만들고, 감각과 감정을 느껴야 하는데, 바로 이 부분이 심상 4단계의 3단계에 속합니다.

예1) 서정주 – 국화 옆에서

　인출단서 : 서정을 주로 느낀다 – 국화 옆에서
　심상작업 : 시인은 국화 옆에서 서정을 주로 느낀다.

예2) 3대 영양소와 6대 영양소

　　　　　　탄수화물 단백질 지방 – 물 무기질 비타민

　인출단서 : 연탄 화물차 담배　지방　　물　무기　비탈길
　심상작업 :
　❶ 기초결합법으로 연상할 경우

　　　　　기초　　　　　　학습물
　　탄수화물 + 물　 – 　탄수화물의 '물'과 물이 같다.
　　단백질 + 무기질　–　단백질의 '질'과 무기질의 '질'이 같다.
　　지방 + 비타민　 – 　지방의 방의 'ㅂ'과 비타민의 비의 'ㅂ'이 같다.

　❷ 연상결합법으로 연상할 경우

　　연탄화물차에 물을 싣고 담배를 피우며 지방으로 가는 비탈길에서 무기를 든 강도들이 나타나 모두 빼앗아가고 말았다.

예3) 식물의 광합성

광합성 → 포도당 → 호흡 → 글리세롤 + 지방산 → 지방 + 인 → 인지질
　　　　　　　　↓　　　　→ 유기산 + 아미노산 → 단백질
　　　　녹말 + 셀룰로오스　→ 헥산 + 엽록소

인출단서

광주리 → 포도 → 콧구멍/입
　　　　　↓
　　❶ 말 + 셀로판지

→ ❷ 그렁그렁 새어나오는 코 + 지랄 방정 → 지방! + 인섁! → 인석 저질이네!
→ ❸ 유산(금코마개) + 아마도 놀랄 거야 → 담배
→ ❹ 헥~! 헥~! + 염소

심상작업

돈은 많으나 지저분한 부자가 손님들을 초대해서 광주리에 가득 포도를 담아 대접하고 있다.

❶ 광주리 안에 있는 <u>포도를 말이</u> 먹을까봐 <u>셀로판지</u>로 덮어놓았다.
❷ 왼쪽 <u>코에서 그렁그렁 새어나오는 코</u>를 보고 손님 중에 한 사람이 속으로 '지랄 방정을 떠네' 하며 욕을 하다 참다못해 지방! 하며 투덜댄다. 그래도 코를 닦지 않자, <u>인섁!</u> 정말 저질이네! 하며 자리를 뜬다.
❸ 그때서야 주인은 상황을 알고, <u>유산</u>으로 받은 금으로 만든 <u>코마개</u>를 코가 새어나오는 왼쪽 콧구멍이 아닌 오른쪽 콧구멍에 끼운다. 그리고 '코마개가 금이니까 <u>아마도 놀랄 거다</u>' 생각하며 특이한 모습으로 <u>담배</u>를 핀다.
❹ 양쪽 코가 막히고 입으로도 담배를 피워 숨쉬기가 곤란해져 <u>헥헥거리자</u> 손님 중 하나가 "기력이 쇠하니 <u>염소</u> 한 마리로 보약이나 만들어 드시지요?" 하며 아부를 한다.

4단계 : 기억을 재생하여 확인한다.

심상작업을 하였다는 것은 기억이 되었다는 것이나 심상하여 형상을 만들었으나 구체적으로 느끼지 않아 기억이 안되는 경우가 많습니다. 그러므로 꼭 기억을 재생시켜 확인해 보아야 합니다.

예1) 서정주 – 국화 옆에서

　인출단서 : <u>서정</u>을 주로 느낀다 <u>국화 옆에서</u>
　심상작업 : 시인들은 <u>국화 옆에서</u> <u>서정</u>을 주로 느낀다.
　기억재생 : 국화 옆에서 – 서정주

예2) 3대 영양소와 6대 영양소

　　　　　탄수화물 단백질 지방 － 물 무기질 비타민

인출단서 : 연탄화물차　담배　지방　　물　무기　비탈길

심상작업 :

❶ 기초결합법으로 연상할 경우

기초　　　　　　　　학습물

　　탄수화물 + 물　－　탄수화물의 '물'과 물이 같다.
　　단백질 + 무기질　－　단백질의 '질'과 무기질의 '질'이 같다.
　　지방 + 비타민　－　지방의 방의 'ㅂ'과 비타민의 비의 'ㅂ'이 같다.

　이와 같이 비슷하거나 같은 것을 결합하여 기억한다.

❷ 연상결합법으로 연상할 경우

　연탄화물차에 물을 싣고 담배를 피우며 지방으로 가는 비탈길에서 무기를 든 강도들이 나타나 모두 뺏기고 말았다.

기억재생 :

❶ 기초결합법으로 연상한 경우

　　기초　학습물
　　탄수화물 + 물
　　단백질　+ 무기질
　　지방　　+ 비타민

❷ 연상결합법으로 연상한 경우

　　탄수화물, 물, 단백질, 지방, 비타민, 무기질

예3) 식물의 광합성

```
                              → ❷ 글리세롤 + 지방산 → 지방 + 인 → 인지질
광합성 → 포도당 → 호흡 → ❸ 유기산 + 아미노산 → 단백질
         ↓                    → ❹ 헥산 + 엽록소
      ❶ 녹말 + 셀룰로오스
```

인출단서

```
                              → 그렁그렁 새어나오는 코 + 지랄 방정 →
광주리 → 포도 → 콧구멍         지방! + 인석! → 인석 저질이네!
         ↓       입          → 유산(금코마개) + 아마도 놀랄 거야 → 담배
      말 + 셀로판지            → 헥~! 헥~! + 염소
```

심상작업 :

❶ 광주리 안에 있는 포도를 말이 먹을까봐 셀로판지로 덮어 놓았다.

❷ 왼쪽 코에서 그렁그렁 새어나오는 코를 보고 손님 중에 한 사람이 속으로 '지랄 방정을 떠네' 하며 욕을 하다 참다못해 지방! 하며 투덜댄다. 그래도 코를 닦지 않자, 인섹! 정말 저질이네! 하며 자리를 뜬다.

❸ 그때서야 주인은 유산으로 받은 금으로 만든 코마개를 콧물이 새어나오는 왼쪽 콧구멍이 아닌 오른쪽 콧구멍에 끼우며 '아마도 놀랄 거다' 생각하며 특이한 모습으로 담배를 핀다.

❹ 양쪽 코가 막히고 입으로도 담배를 피우느라 숨쉬기가 곤란해져 헥헥거리자 손님 중 하나가 "기력이 쇠하니 염소 한 마리로 보약이나 만들어 드시지요?" 하며 아부를 한다.

기억재생 :

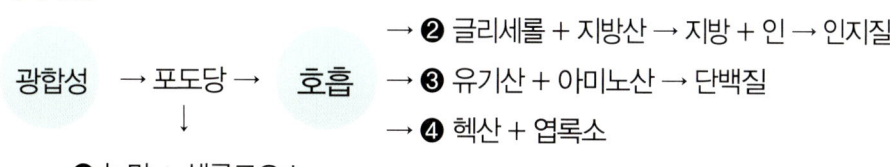

이상의 설명과 같이 심상 4단계를 적용하면 보다 수월하게 학습물을 기억할 수 있을 것입니다. 차근차근히 많은 연습을 통하여 능수능란한 기억의 천재가 되기를 바랍니다.

심상 4단계의 정리

1단계 : 방법선택   2단계 : 인출단서
3단계 : 심상작업   4단계 : 기억재생

심상 4단계의 전 단계는 여러분이 **스타킹 심상학습기억법**을 확실히 마스터하는 지름길입니다. 규칙 없이 생각나는 대로 연상하는 것은 **스타킹 심상학습기억법**을 실패하는 주된 원인이 됩니다. 심상 처리가 힘들 때에 심상 4단계의 순서대로 차근차근히 생각하여 보십시오. 좋은 결과를 가져올 수 있을 것입니다.

심상 4단계의 장점은 변환 처리 능력을 쉽게 배양할 수 있으며, 심상 처리를 잘할 수 있는 방법입니다. 처음에는 다소 시간이 걸릴지 몰라도 시간이 지날수록 빠르고 놀라운 처리 속도를 갖게 됩니다. 당부하고 싶은 말은 힘이 든다고 중간에서 포기하지 마십시오. 남보다 뛰어나다는 것은 그만큼 노력을 하고 있다는 것입니다. 노력을 하기 바랍니다.

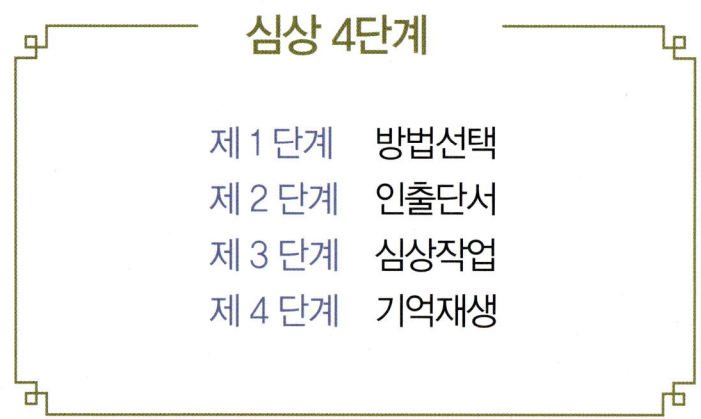

심상 4단계의 연습

1. 한 작가와 한 작품 기억하기
2. 한 작가와 여러 작품 기억하기

한 작가와 한 작품 기억하기

1단계 – 방법선택
2단계 – 인출단서
3단계 – 심상작업
4단계 – 기억재생

심상 4단계를 이용하여 학습자 여러분이 직접 해 보시기를 바랍니다.

한 작가와 한 작품 기억하기

(방법선택 – 연상결합법)

A-B, 가-나와 같은 형식의 내용을 기억할 때 사용합니다.

> **예)** 톨스토이-부활
>
> **인출단서** : 토스트 – 부활
>
> **심상작업** : 죽은 사람이 토스트를 먹으려고 부활하다
>
> **기억재생** : 톨스토이-부활
>
> [인출단서 설명]
> 부활은 죽은 사람이 다시 살아난다는 뜻이고 상식으로 아는 말입니다. 톨스토이는 작가 이름이지만 인격적 교류가 없어 이미지가 불분명합니다. 그래서 인출단서를 만들어 보면 '톨'에서 ㄹ자를 빼면 '토'가 됩니다. 그러므로 '토스토이'가 되어 '토스트'를 떠올리게 합니다. 그래서 인출단서는 '토스트'와 '부활'로 정해졌습니다.
>
> [심상작업]
> 먼저 두 단어를 가지고 의미를 만듭니다. '죽은 사람이 토스트를 먹으려고 부활하다' 이제 내용을 상상으로 보고 느껴야 합니다. – 아버지께서 돌아가셔서 아버지를 관 속에 누이고 관 앞에 병풍을 치고 분향소를 만들어서 조문객들을 맞이하는데 아침부터 밤 늦게까지 조문객들이 조문을 와서 상주인 아들들이 하루 종일 밥도 못 먹고 쉬지를 못했다. 밤 12시가 넘어서 조문객들이 조문이 끊겨서야 방바닥에 기진맥진 쓰러진 아들들이 "아이고 힘들어", "아이고 배고파" 하는데 집안 여자들이 토스트를 가지고 와서 "이거라도 드시고 힘내세요." 한다. "와! 토스트다!" 하면서 아들들이 반기는데, 관 속의 죽은 아버지가 눈을 뜨면서 "뭐? 토스트라고? 내가 저승길을 가더라도 토스트는 먹고 가야지" 하면서 관 뚜껑을 삐꺽 열고 일어나 병풍을 옆으로 열고 "나도 토스트를 줄래?" 하자 모두가 혼비백산한다. – 이것은 심상으로만 생각한다.
>
> [기억재생]
> 위 장면을 생각하며 느끼면서 기억을 재생한다. 톨스토이-부활

① 이상-날개
　　인출단서 : 이상한, 날개
　　심상작업 : 이상한 날개
　　기억재생 : 이상한 날개

② 이익-성호사설
　　인출단서 : 이익-이익(손해와 이익 중에서), 성호-성난 호랑이, 사설-설사
　　심상작업 : 글짓기-사냥꾼이 호랑이를 잡아 이익을 보려다가 성난 호랑이에게 혼쭐이 난 후, 매일같이 설사만 한다.
　　　　　심상 : 화장실에 앉아서 '아이고 배야' 하며 똥을 싸는 사냥꾼을 심상한다.
　　기억재생 : 이익-성호사설

③ 헤르만 헤세-나비
　　인출단서 : 헤르만-허름한, 헤세-허세, 나비
　　심상작업 : 허름한 사람이 나비처럼 화려하다고 허세를 부린다.
　　　　　심상 : 허름한 옷을 입은 사람이 귀족 파티장에 들어가려고 하다가 막는 경호원들에게 "내가 누군지 알아?" 하며 허세를 부리는 장면
　　기억재생 : 헤르만 헤세-나비

④ 주요섭-사랑 손님과 어머니
　　인출단서 :
　　심상작업 :
　　기억재생 :

⑤ 황순원-소나기
　　인출단서 :
　　심상작업 :
　　기억재생 :

⑥ 이범선-학마을 사람들
   인출단서 :
   심상작업 :
   기억재생 :

⑦ 이중환-택리지
   인출단서 :
   심상작업 :
   기억재생 :

⑧ 최치원-계원필경
   인출단서 :
   심상작업 :
   기억재생 :

⑨ 이인직-혈의 누
   인출단서 :
   심상작업 :
   기억재생 :

⑩ 박지원-열하일기
   인출단서 :
   심상작업 :
   기억재생 :

⑪ 김유정-동백꽃
   인출단서 :
   심상작업 :
   기억재생 :

⑫ 안데르센-미운 오리 새끼
인출단서 :
심상작업 :
기억재생 :

⑬ 염상섭-표본실의 청개구리
인출단서 :
심상작업 :
기억재생 :

⑭ 도스토예프스키-학대받은 사람들
인출단서 :
심상작업 :
기억재생 :

⑮ 노먼 클레인-선샤인
인출단서 :
심상작업 :
기억재생 :

⑯ 헨델-메시아
인출단서 :
심상작업 :
기억재생 :

⑰ 베토벤-운명 교향곡
인출단서 :
심상작업 :
기억재생 :

⑱ 정비석-성황당
    인출단서 :
    심상작업 :
    기억재생 :

⑲ 황진이-청산리 벽계수야
    인출단서 :
    심상작업 :
    기억재생 :

⑳ 김소월-진달래꽃
    인출단서 :
    심상작업 :
    기억재생 :

한 작가와 여러 작품 기억하기

(방법 선택 – 이야기식 연상결합법)
A–B, C, D, E, F… 등의 학습물을 기억할 때 사용한다.

> **예)** 이광수 – 흙, 무정, 개척자, 그 여자의 일생
> **인출단서** : 광천수 – 흙, 무정한 마음, 개척자. 그 여자의 일생
> **심상작업** : 흙과 같이 무정한 마음을 가진 개척자를 사랑한 그 여자의 일생의 끝은 결국 광천수를 무덤으로 하는 것이었다.
> **기억재생** : 흙, 무정, 개척자, 그 여자의 일생 – 이광수

개척자가 지하 동굴에 들어가서 개척을 하고 있는데, 개척자를 사랑하는 여자가 쫓아들어왔다. 그런데 동굴에 있는 절벽 끝이 무너지면서 여자가 절벽 밑에 흐르는 광천수에 빠져 죽었다.

직접 인출단서를 만들어 기억해 보세요. 사각형 안에는 연상한 내용을 적고 심상작업 왼쪽 빈 곳에 심상한 그림을 그리세요.

① 박두진(혜산) – 인간 밀림, 사도행전, 오도, 해, 거미와 성좌
    인출단서 : 백두산, 해산(집합과 해산할 때의 해산), 밀림 속의 인간, 도사 행진,
            5℃, 해, 거미의 별자리
    심상작업 :

    기억재생 :

② 김소월(정식) – 엄마야 누나야, 초혼, 진달래꽃, 못잊어, 산유화
    인출단서 :
    심상작업 :

    기억재생 :

③ 전광용(백사) – 태백산맥, 나신, 창과 벽, 꺼삐딴 리
    인출단서 :
    심상작업 :

    기억재생 :

④ 김정한(요산) – 사하촌, 모래톱이야기, 낙일홍
　　인출단서 :
　　심상작업 :

　　기억재생 :

⑤ 심훈 – 영원의 미소, 직녀성, 상록수, 그 날이 오면
　　인출단서 :
　　심상작업 :

　　기억재생 :

⑥ 어니스트 헤밍웨이 – 무기여 잘 있거라, 노인과 바다, 킬리만자로의 눈
　　인출단서 :
　　심상작업 :

　　기억재생 :

⑦ 윤선도(고산) - 어부사시사, 한중신곡, 우후요, 견회요, 고산유고
　　인출단서 :
　　심상작업 :

　　기억재생 :

⑧ 오영수(월주) - 한탄강, 머루, 갯마을, 명암, 메아리, 수련
　　인출단서 :
　　심상작업 :

　　기억재생 :

⑨ 강신재 - 임진강의 민들레, 젊은 느티나무
　　인출단서 :
　　심상작업 :

　　기억재생 :

⑩ 찰스 디킨스 - 올리버 트위스트, 데이빗 코퍼필드, 두 도시 이야기, 크리스마스 캐롤
　　인출단서 :
　　심상작업 :

　　기억재생 :

⑪ 스토 부인 - 톰 아저씨의 오두막집, 그리운 고향 사람들
　　인출단서 :
　　심상작업 :

　　기억재생 :

⑫ 톨스토이 - 전쟁과 평화, 부활, 안나 까레리나, 고백록, 예술론
　　인출단서 :
　　심상작업 :

　　기억재생 :

⑬ 투르게네프 – 첫사랑, 아버지와 아들
　　인출단서 :
　　심상작업 :

　　기억재생 :

⑭ 이청준 – 병신과 머저리, 석화촌, 매잡이, 소문의 벽, 잔인한 도시, 이어도, 당신들의 천국
　　인출단서 :
　　심상작업 :

　　기억재생 :

⑮ 최인훈 – 가면고, 광장, 웃음소리
　　인출단서 :
　　심상작업 :

　　기억재생 :

⑯ 김동리 – 무녀도, 바위, 황토기, 등신불, 역마, 저승새
　　인출단서 :
　　심상작업 :

　　기억재생 :

⑰ 김현승(다형) – 옹호자의 노래, 견고한 고독, 가을의 기도
　　인출단서 :
　　심상작업 :

　　기억재생 :

⑱ 윤동주 – 자화상, 참회록, 별헤는 밤, 서시
　　인출단서 :
　　심상작업 :

　　기억재생 :

⑲ 김만중(서포) – 구운몽, 사씨남정기
  인출단서 :
  심상작업 :

  기억재생 :

⑳ 박지원(연암) – 과농소초, 열하일기, 양반전, 허생전, 호질
  인출단서 :
  심상작업 :

  기억재생 :

㉑ 서정주 – 귀촉도, 화사집, 신라초
  인출단서 :
  심상작업 :

  기억재생 :

㉒ 앙드레 말로 – 정복자, 왕도, 인간의 조건
　　인출단서 :
　　심상작업 :

　　기억재생 :

㉓ A.J. 크로닌 – 성채, 천국의 열쇠
　　인출단서 :
　　심상작업 :

　　기억재생 :

㉔ 신석정 – 촛불, 슬픈 목가, 빙하, 산의 서곡, 대바람 소리
　　인출단서 :
　　심상작업 :

　　기억재생 :

낱말 공식

1. 낱말 공식의 정의
2. 낱말 공식의 기본 원리
3. 낱말 공식 만들기
4. 낱말 공식

낱말 공식의 정의

　낱말 공식은 기초결합법의 기초장을 확장하는 데에 절대적으로 필요합니다. 낱말 공식은 999까지 1,000개의 기초를 만들어 주며, 초인적인 기억 능력을 키우는 데 도움을 줍니다. 그렇지만 기초장보다도 더욱 중요한 것은 수를 기억하는 데 있습니다. 통계 숫자 기억, 전화번호 기억, 역사 연대 기억 등을 낱말 공식을 이용하여 기억할 수 있습니다.

　그러면 낱말 공식이 무엇일까요? 낱말 공식은 0부터 99까지의 100개의 숫자를 일정한 방법으로 공식화하여 바꾼 낱말을 말합니다. 추상적인 숫자를 낱말로 바꾸어 기억하기 쉽게 변환한 것으로, 다시 말하면 1부터 99까지의 수에 이름을 달아 준 것과 같습니다. 따라서 기억하기 힘든 수를 기억하기 쉬운 낱말로 바꾸어 기억하도록 한 것입니다.

　숫자를 낱말로 바꾸는 과정을 공식처럼 일정한 원리에 의해서 바꾸므로, 낱말 공식이라고 말합니다.

낱말 공식의 기본 원리

십의 자리 : 10 20 30 40 50 60 70 80 90
　　　　　　가 나 다 하 마 바 사 아 자

일의 자리 : 1 2 3 4 5 6 7 8 9 0
　　　　　　ㄱ ㄴ ㄷ ㄹ ㅁ ㅂ ㅅ ㅇ ㅈ ㅊ
　　　　　　ㅋ　　　ㅌ ㅎ　　ㅍ

주의) 자음은 숫자 변환과 관계가 있으나, 모음(ㅏㅑ…)은 숫자 변환과는 관계없이 뜻을 만드는 데 사용합니다.

낱말 공식 만들기

    0부터 99까지의 수에 고유의 이름을 붙여 주려면 방법이야 이루 말할 수 없이 많습니다. 또 생각나는 대로 붙일 수도 있습니다. 그렇게 되면 숫자에 고유의 이름이 붙게 되지만 일정한 규칙이 없는 경우에는 기억하기가 상당히 어려울 것입니다. 그러므로 공식처럼 일정한 법칙을 두어 낱말을 만들면 기억하기도 좋고, 활용하기도 간편할 것입니다. 이와 같은 뜻에서 다음과 같이 낱말 공식을 만들었습니다. 예를 참고해 주십시오.

> **예)** '10'은 '10 + 0'이므로 '가+ㅊ'으로 바꾸어집니다. 따라서, '가+ㅊ'이 연이어 들어 있는 낱말인 '가축'을 10을 대신할 낱말로 정했습니다.
> '11'은 '10+1'이 되어 '가+ㄱ'가 되므로 '가구'가 됩니다.
> '12'는 '10+2'가 되어 '가+ㄴ'이 되므로 '간호사'가 됩니다.
> '13'은 '10+3'이 되어 '가+ㄷ'이 되므로 '과도'가 됩니다. 여기에서 '과도'처럼 '가'로 시작되는 낱말을 만들기 어려울 때는 다른 모음 하나를 더 첨가하여 낱말을 만들 수 있습니다.
> '14'는 '10+4'가 되어 '가+ㄹ'이 되므로 '갈매기'가 됩니다.
> '15'는 '10+5'가 되어 '가+ㅁ'이 되므로 '감자'가 됩니다.
> '16'은 '10+6'이 되어 '가+ㅂ'이 되므로 '가방'이 됩니다.
> '17'은 '10+7'이 되어 '가+ㅅ'이 되므로 '가수'가 됩니다.
> '18'은 '10+8'이 되어 '가+ㅇ'이 되므로 '강아지'가 됩니다.
> '19'는 '10+9'가 되어 '가+ㅈ'이 되므로 '가정부'가 됩니다.

    이와 같은 방법으로 만들어진 낱말 공식은 앞으로 난해한 숫자를 기억하는 것뿐만 아니라 기초결합법을 사용할 때 넉넉한 기초장을 제공해 주고, 또한 여러분의 정신

집중력 훈련의 연습 자료가 되기도 할 것입니다. 그러므로 여러분은 이 낱말 공식을 충분히 수련하여 '100초' 이내에 외울 수 있도록 하십시오. 그래야 낱말 공식을 자유스럽게 사용할 수 있게 됩니다.

필자가 많은 학생들을 가르쳐 오면서 항상 강조해 왔던 것이 있다면 그것은 "정말로 초인적인 기억의 소유자가 되고 싶다면 한계를 정하지 말라"는 것입니다.

일반적으로 인간의 능력은 일정한 수준에 오르면 더 이상 진행되지 않는 경우가 많습니다. 이것이 하나의 '벽'이라고는 할 수 있으나, 한계는 아니라고 생각합니다. 동서양을 막론하고 고대 철학자들뿐만 아니라 근대 정신분석학의 근간을 이루었던 지그문트 프로이트, 애빙 하우스 등과 현대의 심리학자, 정신의학자, 대뇌 생리학자, 과학자, 교사에 이르기까지 우리에게 가르치고 있는 것은 '인간의 능력은 무한하다'는 것입니다. 이것을 개발하고 깨우쳐서 가르쳐야 할 책임이 교사, 과학자들인 것입니다. 그러므로 **스타킹 심상학습기억법**'을 여러분 것으로 만들려면 필자가 지시하는 대로 따라 해 주시기 바랍니다. 이 책의 모든 주장은 필자 자신이 수련하여 성과를 얻은 결과와 그 동안 필자에게서 배운 많은 학생들이 보여준 성과를 기준으로 말하는 것임을 알려 드립니다.

낱말 공식은 달리 생각하면 생소한 내용입니다. 형상이나 의미가 많지 않은 숫자를 그대로 기억하기에는 대뇌가 쉽게 반응을 보이지 않습니다. 이것을 낱말로 바꾸어 형상화하면, 의외로 쉽게 기억이 됩니다. 그렇지만, 낱말을 기억하는 것이 문제입니다. 규칙을 잘 파악하면 쉽게 기억이 됩니다. 그리고 낱말 공식을 자연스럽게 활용하려면 전체를 100초 이내에 말할 수 있도록 연습해야 합니다.

0 = 0 + 0 = ㅊ + ㅊ = 차창		30 = 30 + 0 = 다 + ㅊ = 닻
1 = 0 + 1 = ㅊ + ㄱ = 차고		31 = 30 + 1 = 다 + ㄱ = 다과상
2 = 0 + 2 = ㅊ + ㄴ = 찬장		32 = 30 + 2 = 다 + ㄴ = 단추
3 = 0 + 3 = ㅊ + ㄷ = 차돌멩이		33 = 30 + 3 = 다 + ㄷ = 다듬잇돌
4 = 0 + 4 = ㅊ + ㄹ = 찰떡		34 = 30 + 4 = 다 + ㄹ = 달팽이
5 = 0 + 5 = ㅊ + ㅁ = 참외		35 = 30 + 5 = 다 + ㅁ = 담장
6 = 0 + 6 = ㅊ + ㅂ = 찹쌀		36 = 30 + 6 = 다 + ㅂ = 다보탑
7 = 0 + 7 = ㅊ + ㅅ = 찻잔		37 = 30 + 7 = 다 + ㅅ = 다시마
8 = 0 + 8 = ㅊ + ㅇ = 창문		38 = 30 + 8 = 다 + ㅇ = 당구장
9 = 0 + 9 = ㅊ + ㅈ = 차장		39 = 30 + 9 = 다 + ㅈ = 대장군
10 = 10 + 0 = 가 + ㅊ = 가축		40 = 40 + 0 = 하 + ㅊ = 하천
11 = 10 + 1 = 가 + ㄱ = 가구		41 = 40 + 1 = 하 + ㄱ = 학교
12 = 10 + 2 = 가 + ㄴ = 간호사		42 = 40 + 2 = 하 + ㄴ = 하늘
13 = 10 + 3 = 가 + ㄷ = 과도		43 = 40 + 3 = 하 + ㄷ = 하돈탕
14 = 10 + 4 = 가 + ㄹ = 갈매기		44 = 40 + 4 = 하 + ㄹ = 하루방
15 = 10 + 5 = 가 + ㅁ = 감자		45 = 40 + 5 = 하 + ㅁ = 함팔이
16 = 10 + 6 = 가 + ㅂ = 가방		46 = 40 + 6 = 하 + ㅂ = 합창단
17 = 10 + 7 = 가 + ㅅ = 가수		47 = 40 + 7 = 하 + ㅅ = 하사관
18 = 10 + 8 = 가 + ㅇ = 강아지		48 = 40 + 8 = 하 + ㅇ = 항공모함
19 = 10 + 9 = 가 + ㅈ = 가정부		49 = 40 + 9 = 하 + ㅈ = 하잠
20 = 20 + 0 = 나 + ㅊ = 낮		50 = 50 + 0 = 마 + ㅊ = 마차
21 = 20 + 1 = 나 + ㄱ = 낙지		51 = 50 + 1 = 마 + ㄱ = 마개
22 = 20 + 2 = 나 + ㄴ = 난로		52 = 50 + 2 = 마 + ㄴ = 만두
23 = 20 + 3 = 나 + ㄷ = 낟가리		53 = 50 + 3 = 마 + ㄷ = 마당쇠
24 = 20 + 4 = 나 + ㄹ = 나루터		54 = 50 + 4 = 마 + ㄹ = 말미잘
25 = 20 + 5 = 나 + ㅁ = 남산		55 = 50 + 5 = 마 + ㅁ = 맘모스
26 = 20 + 6 = 나 + ㅂ = 나비		56 = 50 + 6 = 마 + ㅂ = 마부
27 = 20 + 7 = 나 + ㅅ = 나사		57 = 50 + 7 = 마 + ㅅ = 마술사
28 = 20 + 8 = 나 + ㅇ = 냉수		58 = 50 + 8 = 마 + ㅇ = 망아지
29 = 20 + 9 = 나 + ㅈ = 낮잠		59 = 50 + 9 = 마 + ㅈ = 맞선

60 = 60 + 0 = 바 + ㅊ = 바주카포
61 = 60 + 1 = 바 + ㄱ = 박씨
62 = 60 + 2 = 바 + ㄴ = 반사경
63 = 60 + 3 = 바 + ㄷ = 바둑판
64 = 60 + 4 = 바 + ㄹ = 발명품
65 = 60 + 5 = 바 + ㅁ = 밤
66 = 60 + 6 = 바 + ㅂ = 밥풀
67 = 60 + 7 = 바 + ㅅ = 밧데리
68 = 60 + 8 = 바 + ㅇ = 방앗간
69 = 60 + 9 = 바 + ㅈ = 바자회

80 = 80 + 0 = 아 + ㅊ = 아침
81 = 80 + 1 = 아 + ㄱ = 아기
82 = 80 + 2 = 아 + ㄴ = 안과
83 = 80 + 3 = 아 + ㄷ = 아더왕
84 = 80 + 4 = 아 + ㄹ = 알사탕
85 = 80 + 5 = 아 + ㅁ = 암탉
86 = 80 + 6 = 아 + ㅂ = 압축기
87 = 80 + 7 = 아 + ㅅ = 어사
88 = 80 + 8 = 아 + ㅇ = 앙고라
89 = 80 + 9 = 아 + ㅈ = 아주머니

70 = 70 + 0 = 사 + ㅊ = 사철나무
71 = 70 + 1 = 사 + ㄱ = 사과
72 = 70 + 2 = 사 + ㄴ = 산삼
73 = 70 + 3 = 사 + ㄷ = 사또
74 = 70 + 4 = 사 + ㄹ = 살쾡이
75 = 70 + 5 = 사 + ㅁ = 삼손
76 = 70 + 6 = 사 + ㅂ = 삽
77 = 70 + 7 = 사 + ㅅ = 사슴
78 = 70 + 8 = 사 + ㅇ = 상비약
79 = 70 + 9 = 사 + ㅈ = 사자

90 = 90 + 0 = 자 + ㅊ = 자치기
91 = 90 + 1 = 자 + ㄱ = 작가
92 = 90 + 2 = 자 + ㄴ = 잔
93 = 90 + 3 = 자 + ㄷ = 자동차
94 = 90 + 4 = 자 + ㄹ = 자루
95 = 90 + 5 = 자 + ㅁ = 잠자리
96 = 90 + 6 = 자 + ㅂ = 잡지
97 = 90 + 7 = 자 + ㅅ = 지수
98 = 90 + 8 = 자 + ㅇ = 장기
99 = 90 + 9 = 자 + ㅈ = 자장가

낱말 공식

0	차창	10	가축	20	낮	30	닻	40	하천
1	차고	11	가구	21	낙지	31	다과상	41	학교
2	찬장	12	간호사	22	난로	32	단추	42	하늘
3	차돌멩이	13	과도	23	낟가리	33	다듬잇돌	43	하돈탕
4	찰떡	14	갈매기	24	나루터	34	달팽이	44	하루방
5	참외	15	감자	25	남산	35	담장	45	함팔이
6	찹쌀	16	가방	26	나비	36	다보탑	46	합창단
7	찻잔	17	가수	27	나사	37	다시마	47	하사관
8	창문	18	강아지	28	냉수	38	당구장	48	항공모함
9	차장	19	가정부	29	낮잠	39	대장군	49	하잠
50	마차	60	바주카포	70	사철나무	80	아침	90	자치기
51	마개	61	박씨	71	사과	81	아기	91	작가
52	만두	62	반사경	72	산삼	82	안과	92	잔
53	마당쇠	63	바둑판	73	사또	83	아더왕	93	자동차
54	말미잘	64	발명품	74	살쾡이	84	알사탕	94	자루
55	맘모스	65	밤	75	삼손	85	암탉	95	잠자리
56	마부	66	밥풀	76	삽	86	압축기	96	잡지
57	마술사	67	밧데리	77	사슴	87	어사	97	자수
58	망아지	68	방앗간	78	상비약	88	앙고라	98	장기
59	맞선	69	바자회	79	사자	89	아주머니	99	자장가

낱말 공식 익히기 연습

1. 낱말 공식의 활용 범위
2. 낱말 공식 익히기 연습

낱말 공식의 활용 범위

낱말 공식은 그 활용도가 매우 넓습니다. 수를 기억하는 것 이외에도 기초장의 확장과 정신집중훈련 자료, 기억 능력을 수십 배까지 배가시키는 훈련 자료로도 사용할 수 있습니다.

<mark>수를 기억</mark>하는 데 있어서의 적용 범위는 ① 통계 숫자 기억하기, ② 전화번호 기억하기, ③ 역사 연대 기억하기, ④ 수학의 수치 기억하기 등입니다.

<mark>기초장의 확장</mark>은 낱말의 수가 100개가 되므로, 이 낱말을 100개의 새로운 기초장으로 지정합니다. 이렇게 만들어진 기초장은 10개의 새로운 기초가 되므로 '곱하기 10'을 하여, 모두 1,000개의 기초가 되는 것입니다. 이 많은 기초장은 의학이나 법학 등을 공부할 때도 큰 힘이 될 것입니다.

<mark>정신집중훈련</mark>은 기초장 '0의 장'부터 '90의 장'까지를 빠른 속도로 상상하고 그동안 잡념이 끼어들지 못하게 하는 것으로, 집중력을 강화시킬 뿐더러 대뇌의 피로를 풀고 쉬게 하는 큰 효과가 있습니다. 이것으로도 뇌가 알파파를 발산하게 합니다. 잡념이 많아 집중이 안 될 때, 이 방법을 이용하면 자신도 놀랄 만큼 머리가 맑아지는 것을 느낄 수 있습니다. 그 이유는 단적으로 <mark>'과도한 많은 생각을 하여 얻어지는 뇌의 피로를, 한 가지 생각만 하게 하여 정신 에너지의 소모를 막고, 뇌의 에너지원인 산소의 공급을 증가시킴으로써 창의적인 두뇌 활동을 하게 하며, 뇌의 피로를 풀게 해 주는 역할을 하기 때문'</mark>입니다.

정신 집중의 자료로서 기초장의 범위가 부족하다고 느끼는 학습자들은 낱말 공식으로 확장된 '낱말 공식 기초장'을 활용하면 기초장도 외울 수 있고, 정신 집중도 할 수 있는 일석이조(一石二鳥)의 효과를 얻을 수 있을 것입니다.

또한, <mark>기억 능력을 높이는 훈련 자료</mark>로서의 활용이란 낱말 공식 기초장을 이용하여 1000개까지 낱말을 기억하는 것인데, 대뇌가 얼마만큼 빠른 속도로 인출단서를 만드느냐에 따라 기억의 능력을 평가합니다. 그러므로 대뇌의 인출단서 만드는 훈련을,

기초장을 이용한 기초결합법으로 연습하면 매우 좋은 훈련이 될 것입니다. 본 **스타킹 심상학습기억법**에서는 이 점을 강조하여 기초장의 기초결합법 훈련 자료를 많이 실었습니다.

　이와 같이, 낱말 공식은 그 활용 범위가 매우 넓다는 것을 알게 되었습니다. 그렇지만 이 낱말 공식도 여러분께서 자유자재로 사용할 수 있을 만큼 숙련되어 있지 않다면 아무 소용이 없을 것입니다.

　따라서, 여러분은 '100초' 이내에 낱말 공식을 외울 수 있도록 수련하기를 바랍니다. 다음의 자료들은 낱말 공식을 다 기억했는지의 여부를 확인하고 '100초' 이내에 다 외울 수 있게 연습 문제로 활용할 수 있도록 하였습니다. 아무쪼록 최선을 다하여 초인적인 두뇌를 가질 수 있게 노력하십시오.

낱말 공식 익히기 연습

　낱말 공식은 숫자를 이용하여 만들었으므로, 숫자를 보고 낱말을 맞추거나 낱말을 보고 숫자를 맞추는 훈련을 통하여 확실히 기억할 수 있어야 합니다.

　다음에 제시된 낱말 공식 수련문제는 낱말 공식을 정확히 기억할 수 있는 문제입니다. 처음 5회까지는 제한 시간을 10분으로 하여 연습하시고, 그 후에는 5분 동안에 답할 수 있도록 연습하시기 바랍니다.

　문제가 제시된 순서대로 해야 합니다. 낱말 공식의 차례대로 낱말을 찾아 답하면 실력이 늘지 않을 것입니다. 이 점을 숙지하여 훈련에 임하시기를 바랍니다.

　말로 표현할 때는 100초 이내에 낱말 공식을 말해야 합니다. "영 차창, 일 차고, 이 찬장, 삼 차돌멩이…"과 같은 식으로 해야 합니다. 단순히 낱말만 말해서는 안 되고, 꼭 숫자와 낱말을 함께 말해야 합니다.

　숫자의 구성 원리대로 낱말을 생각해 낼 수 있도록 하십시오. 숫자를 보고 낱말을 생각하고, 낱말을 보고 숫자를 생각해야 합니다.

　낱말을 처음 외울 때에 기초결합법을 사용한 것은 낱말 공식을 기억하는 데에 도움이 되기 때문입니다. 그러나 기초결합법을 이용하여 낱말 공식을 기억한다면 생각하는 속도가 늦어집니다. 숫자와 낱말의 구성 원리대로 생각해야 좋은 성과를 낼 수 있음을 명심하기 바랍니다.

　'56' 하면 '마부'가 떠오르고, '17' 하면 '가수'가 떠오르도록 해야 합니다. 숫자를 생각하면 바로 낱말이 떠오르도록 노력하지 않으면, 낱말 공식을 익히는 것이 허사가 됩니다. 5분에 한번 써 볼 수 있도록 하고, 100초 이내에 전체를 말할 수 있도록 하는 것이 낱말 공식을 활용할 수 있는 능력을 배양하는 방법입니다.

숫자를 보면 낱말이 바로 떠오르게 학습한다.

수련문제 1

5	참외	28		39		51	
0	차창	36		47		42	
45	함팔이	54		62		59	
1	차고	55		99		74	
41	학교	29		35		96	
89	아주머니	13		19		11	
69	바자회	79		73		83	
70	사철나무	32		53		49	
24	나루터	9		80		78	
27	나사	58		31		33	
81	아기	43		85		64	
7	찻잔	23		48		76	
16		95		15		94	
87		66		71		98	
3		86		77		88	
17		4		91		65	
14		52		25		22	
21		37		72		60	
75		30		92		82	
68		97		44		40	
2		50		6		61	
12		26		18		93	
8		90		38		46	
10		34		20		84	
57		67		56		63	

수련문제 2

23		72		84		89	
48		60		57		13	
76		75		67		19	
16		30		56		11	
95		92		63		69	
15		82		5		79	
94		68		28		73	
87		97		39		83	
66		44		51		70	
71		40		0		32	
98		2		36		53	
3		50		47		49	
86		6		42		24	
77		61		45		9	
88		12		54		80	
17		26		62		78	
4		18		59		27	
91		93		1		58	
65		8		55		31	
14		90		99		33	
52		38		74		81	
25		46		41		43	
22		10		29		85	
21		34		35		64	
37		20		96		7	

수련문제 3

69		75		60		46	
17		54		86		88	
57		23		34		84	
9		50		53		63	
37		35		25		5	
47		71		51		0	
85		38		33		81	
70		83		82		45	
14		65		67		7	
28		68		80		2	
58		55		72		1	
30		95		42		16	
62		26		64		12	
48		19		40		13	
6		77		31		41	
24		20		92		87	
21		49		59		8	
36		22		76		79	
43		29		61		4	
97		66		44		89	
99		90		74		3	
15		73		94		10	
18		91		93		32	
11		56		96		52	
27		78		98		39	

15. 낱말 공식 익히기 연습

수련문제 4

33	73	63	47
25	40	88	48
56	42	96	18
77	76	44	83
97	67	31	22
35	90	93	45
58	21	86	16
57	54	29	8
3	95	32	68
41	70	62	37
17	53	5	59
89	72	81	27
28	2	15	38
43	94	13	49
50	46	4	60
19	24	39	1
91	75	87	85
51	55	6	10
64	66	11	9
61	34	65	30
69	80	0	99
14	92	7	71
36	74	12	78
23	98	79	20
26	84	52	82

수련문제 5

68	58	44	33
75	9	92	78
21	32	72	49
14	79	25	83
17	13	91	11
3	67	77	63
87	34	71	84
16	90	15	46
7	26	48	93
81	50	85	61
29	97	96	40
55	30	74	82
54	37	59	60
36	52	42	22
28	4	51	65
57	31	56	27
10	80	20	24
8	53	38	70
12	73	18	69
2	19	6	89
86	35	88	41
66	99	98	1
95	62	94	45
23	47	76	0
43	39	64	5

수련문제 6

40		73		63		47	
33		25		88		48	
56		42		96		18	
77		76		44		83	
35		93		31		22	
97		70		93		45	
58		21		86		16	
57		54		29		8	
3		95		32		68	
41		90		62		37	
89		53		5		59	
17		72		81		27	
28		59		15		38	
43		94		13		49	
50		46		4		60	
19		24		39		1	
91		75		87		85	
51		55		6		10	
64		66		11		9	
61		34		65		30	
69		80		0		99	
14		92		7		71	
36		74		12		78	
23		98		79		20	
26		84		52		82	

수련문제 7

25		93		63		47	
33		40		88		48	
56		42		96		18	
77		76		44		83	
35		67		31		22	
97		70		59		45	
58		21		86		16	
57		54		29		8	
3		95		68		32	
41		90		62		37	
89		53		5		73	
17		72		81		27	
28		15		2		38	
43		94		13		49	
50		46		4		60	
19		24		39		1	
91		75		85		87	
51		55		6		10	
64		66		11		9	
61		34		65		30	
69		80		0		99	
14		92		7		71	
36		74		12		20	
23		98		79		78	
26		84		52		82	

15. 낱말 공식 익히기 연습

Photo Mnemonic System
Photo Reading
Study Technics

낱말 공식의 응용

1. 통계 숫자 기억하기
2. 전화번호 기억하기
3. 역사 연대 기억하기

통계 숫자 기억하기

낱말 공식으로 수를 기억할 때는 두 자리씩 끊어 연상 결합합니다.

① 2 3 6 5 7 5 4 8 9 0 6 – 23 / 65 / 75 / 48 / 90 / 6
낟가리, 밤, 삼손, 항공모함, 자치기, 찹쌀
: 낟가리 속에 밤을 숨겨 놓은 삼손이 항공모함에서 자치기를 하며 찹쌀을 먹고 있다.

② 7 4 0 8 2 6 1 9 6 8 7 0 0 1 1 2 – 74 / 0 / 82 / 61 / 96 / 87 / 0 / 0 / 11 / 2
살쾡이, 차창, 안과, 박씨, 잡지, 어사, 차창, 차창, 가구, 찬장
: 살쾡이가 차창 밖으로 안과에서 가져온 박씨를 잡지에 숨겨 버리자, 어사가 차창 밖에 있다가 차창을 가구인 찬장으로 막아 버렸다.

참고) 두 자리씩 묶다 보면 십의 자리에 '0'이 나올 때가 있는데, '0'은 한 자리만으로도 낱말이 되므로 한 자리로 끊어야 합니다.

힘들다고 생각하지 마시고, 노력 끝에 낙이 온다는 생각으로 열심히 수련하여 주십시오. 남보다 앞서 가려면, 남보다 더욱 노력해야 합니다.

③ 8 4 7 5 9 0 6 8 9 3 6 3 8 5 8 – 84 / 75 / 90 / 68 / 93 / 63 / 85 / 8

(기억재생)

④ 7 3 5 1 9 5 0 3 5 6 – 73 / 51 / 95 / 0 / 35 / 6

(기억재생)

⑤ 4 5 0 2 8 5 7 1 7 6 7 – 45 / 0 / 28 / 57 / 17 / 67

(기억재생)

⑥ 3 1 2 5 4 6 8 7 9 0 8 9 – 31 / 25 / 46 / 87 / 90 / 89

(기억재생)

⑦ 9 0 7 6 4 3 6 7 3 2 8 3 7 – 90 / 76 / 43 / 67 / 32 / 83 / 7

(기억재생)

⑧ 4 0 0 8 7 9 0 4 3 2 6 1 — 40 / 0 / 87 / 90 / 43 / 26 / 1

(기억재생)

⑨ 5 3 4 6 2 7 1 8 4 7 6 — 53 / 46 / 27 / 18 / 47 / 6

(기억재생)

⑩ 9 8 7 6 3 8 5 6 4 3 2 — 98 / 76 / 38 / 56 / 43 / 2

(기억재생)

전화번호 기억하기

전화번호 기억은 '이야기식 연상결합법'을 사용합니다.

① 정혜린 : 715 - 4987   71 / 54 / 98 / 7
   사과 말미잘 장기 찻잔

   연상) 혜린이는 사과를 말미잘 위에 놓고 먹으며 장기를 두는데, 장기알은 조그만 찻잔 속에 들어 있다.

② 김영배 : 3416 - 4222   34 / 16 / 42 / 22
   달팽이 가방 하늘 난로

   연상) 김영배는 달팽이가 든 가방이 하늘에서 떨어지자 난로에 올려놓고 구워 먹는다.

③ 서울YMCA : 779 - 1075   77 / 91 / 0 / 75
   사슴 작가 차창 삼손

   연상) YMCA에 걸려 있는 사슴 박제를 만든 작가는 차창 밖에 있는 삼손이다.

④ 남부장애자복지관 : 841 - 3826   84 / 13 / 82 / 6
   알사탕 과도 안과 찹쌀

   연상) 남자 장애자가 알사탕을 과도로 자르다 눈에 조각이 튀어 들어가 안과에 가서 찹쌀만 한 부스러기를 꺼냈다.

⑤ 청소년지도육성회 : 275 - 7604   27 / 57 / 60 / 4
   나사 마술사 바주카포 찰떡

   연상) 반장(청소년 지도자)이 나사로 마술을 부린다고 까불다가 바주카포에 맞아 찰떡이 되었다.

★ 가까운 친구, 친지들의 전화번호를 기억해 보세요.

역사 연대 기억하기

낱말 공식을 이용하여 간단한 방법으로 역사를 기억할 수 있습니다. 먼저 역사적 사실이나 사건, 인명, 지명에서 인출단서를 만들고, 역사 연대를 낱말 공식으로 바꾼 후, 이것을 연상결합으로 기억하는 것입니다.

수련문제 다음 역사 연대를 낱말 공식을 이용하여 기억하시오.

삼국의 인출단서 : 고구려 – 고구마, 신라 – 신발, 백제 – 백조

① 고구려, 진대법 실시 : 194(가정부, 찰떡)
고구마 빈대

➡ 고구마에 붙어 있는 빈대가 가정부가 만든 찰떡을 다 먹어 치웠다.

② 백제, 16관등과 공복 제정 : 260(나비, 차창)
백조 가방 관   공무원 복장

➡ 공무원 복장을 한 백조가 가방을 들고 관 속에서 나오자, 나비가 놀라 차창 밖으로 도망갔다.

③ 고구려, 낙랑군 멸망시킴 : 313(다과상, 차돌멩이)
호동왕자 낙랑공주

➡ 다과상을 차려 놓고 호동왕자를 기다리던 낙랑공주가 낙랑왕이 던진 차돌멩이에 맞아 죽었다.

– 고구려를 고구마 대신 호동왕자로 한 것은 호동왕자와 낙랑공주의 이야기는 많이 알고 있는 사실이어서 이것을 이용했습니다.

④ 고구려, 불교 전래, 태학 설치 : 372(다시마, 찬장)
　　고구마　중　　　퇴학

> ⭕ 고구마같이 생긴 중이 다시마를 찬장에서 훔쳐 먹고 절에서 퇴학당했다.

⑤ 백제, 불교 전래 : 384(당구장, 찰떡)
　　백조　중

> ⭕ 백조와 중이 당구장에서 찰떡을 나눠 먹는다.

⑥ 백제, 일본에 한학을 전함 : 405(하천, 참외)
　　백조　일본 사람　한자책

> ⭕ 백조가 일본 사람에게 한자책을 주자, 하천에서 참외를 꺼내준다.

※ 자! 이제 직접 만들어 기억하십시오.

⑦ 고구려, 평양 천도 : 427

> ⭕

⑧ 나 · 제 동맹 성립 : 433

> ⭕

⑨ 신라, 우경 실시 : 502

> ⭕

⑩ 신라, 국호와 왕호를 정함 : 503

> ⭕

⑪ 신라, 율령 반포, 백관의 공복 제정 : 520

⇨

⑫ 신라, 불교를 공인 : 527

⇨

⑬ 신라, 연호 사용 : 536

⇨

⑭ 백제, 도읍을 사비성으로 옮김 : 538

⇨

⑮ 신라, 국사 편찬 : 545

⇨

⑯ 백제, 일본에 불교 전함 : 552

⇨

⑰ 고구려, 살수대첩 : 612

⇨

⑱ 고구려, 당으로부터 도교 전래 : 624

⇨

⑲ 백제 멸망 : 660

➡

⑳ 고구려 멸망 : 668

➡

㉑ 신라, 삼국통일 : 676

➡

㉒ 신라, 국학 설치 : 692

➡

㉓ 발해 건국 : 698

➡

㉔ 신라, 해초 '왕오천축국전' 저술 : 723

➡

㉕ 신라, 불국사 석굴암 창건 : 751

➡

㉖ 신라, 성덕대왕신종 주조 : 770

➡

㉗ 신라, 장보고 청해진 대사 임명 : 828
  ➡

㉘ 신라, 삼대목 편찬 : 888
  ➡

㉙ 견훤, 후백제 건국 : 892
  ➡

㉚ 궁예, 후고구려(국호 고려) 건국 : 901
  ➡

㉛ 왕건, 고려 건국 : 918
  ➡

㉜ 발해, 거란에 멸망 : 926
  ➡

㉝ 신라 멸망 : 935
  ➡

㉞ 후백제 멸망 : 936
  ➡

㉟ 노비안검법 실시 : 956

> ▶

㊱ 과거제도 실시 : 958

> ▶

㊲ 전시과 실시 : 976

> ▶

㊳ 국자감 설치 : 992

> ▶

tip

다 외웠는지 확인하는 방법!!

1. 역사의 사건을 전부 기록한 후, 연도를 맞춰본다.

   ▶ 고구려, 진대법 실시 →

   ▶ 백제, 16관등 및 공복 제정 →

2. 연도를 전부 적어 놓고 사건을 맞춰본다.

   ▶ 194년 →

   ▶ 260년 →

3. 사건의 인출단서를 기초결합법으로 기억한 후, 백지에 적어본다.

   ▶ 빈대 → 전면 간판에 빈대가 붙어 있다.
      → 고구려, 진대법 실시 194년

   ▶ 공무원 복장 → 돌출 간판이 공무원 복장을 입었다.
      → 백제, 16관등 및 공복 제정

★ 나라 이름이나 연도로 기초결합을 하지 마십시오. 계속 반복되는 단어들이어서 혼선의 여지가 있습니다.

Photo Mnemonic System
Photo Reading
Study Technics

숫자변환술

1. 통계 숫자 기억하기
2. 전화번호 기억하기
3. 역사 연대 기억하기

숫자변환술이란 숫자를 자음으로 바꾼 후, 모음과 결합시켜 의미가 있는 단어나 문장이 되도록 한 후 **스타킹 심상학습기억법**의 방법으로 기억하는 것입니다. 낱말 공식보다 수월하게 사용할 수 있는 점은 각자가 가지고 있는 사고력을 최대한 활용할 수 있고, 많은 변화를 줄 수 있어 혼선 없이 정확하게 기억할 수 있기 때문입니다. 또한, 사람마다 가지고 있는 연상 기술에 의하여 성과의 차이가 있는 것이므로, 열심히 노력하는 사람이 월등히 실력이 높아지는 것은 두말할 나위가 없습니다. 꾸준히 수련하여 좋은 결과가 있기를 바랍니다.

1	2	3	4	5	6	7	8	9	0
↓	↓	↓	↓	↓	↓	↓	↓	↓	↓
ㄱ	ㄴ	ㄷ	ㄹ	ㅁ	ㅂ	ㅅ	ㅇ	ㅈ	ㅊ
ㅋ		ㅌ	ㅎ	ㅍ					

단, 모음(홀소리)은 숫자와는 관계없이 뜻을 만드는 데만 사용됩니다.

통계 숫자 기억하기

① 1 9 7 1 6 6 8 5 1 1 8 2 3 - ㄱ ㅈ ㅅ ㄱ ㅂ ㅂ ㅇ ㅁ ㄱ ㄱ ㅇ ㄴ ㄷ
　　　　　　　　　　　　　　ㅋ　　ㅋㅍㅍ　　　ㅋㅋ　　ㅌ
　　　　　　　　　　　　　　ㅘ ㅏ ㅗ　ㅏ　ㅓ　　ㅗㅜ　ㅏ

　　◆ '과자 사고 빵 먹고 운다'

② 1 2 3 4 2 6 8 7 9 8 0 5 4 - ㄱ ㄴ ㄷ ㄹ ㄴ ㅂ ㅇ ㅅ ㅈ ㅇ ㅊ ㅁ
　　　　　　　　　　　　　　ㅋ　ㅌㅎㅍ　　　　　ㅎ
　　　　　　　　　　　　　　ㅘ　ㅝ ㅏ ㅣ ㅑ ㅝ ㅑ　ㅣ ㅏ

　　'관둬라 나비야, 사줘야 치마라'

숫자에 맞는 자음에 적당한 모음을 결합시키면 창의적으로 다양하게 뜻을 만들 수 있으므로, 재미있고, 정확히 기억할 수 있습니다.

tip

다음은 위의 ① 방법의 응용입니다.

예1) 1 9 7 1 6 6 8 5 1 1 8 2 3
　　　ㄱ ㅈ ㅅ ㄱ ㅂ ㅂ ㅇ ㅁ ㄱ ㄱ ㅇ ㄴ ㄷ
　　　ㅋ　　ㅋㅍㅍ　　　ㅋㅋ　　ㅌ

1. 단어로 만들어 이야기식 연상결합법으로 기억하기

과자 사과 빵 모기 강 노트

→ 과자를 사과 사이에 넣어 빵처럼 먹던 모기가 강에서 노트에 맞아 죽었다.

2. 문장으로 만들어 기억하기

[그 자식 바보야] [모기가 온다]
→ [글쎄 그 자식 바보야. 모기가 온다고 자꾸 울어!]

예2) 4 8 5 4 7 5 0 2 8 3 7 4 9 9 4 9 0 4 8 7 5 7 4 3
ㄹ ㅇ ㅁ ㄹ ㅅ ㅁ ㅊ ㄴ ㅇ ㄷ ㅅ ㄹ ㅈ ㅈ ㄹ ㅈ ㅊ ㄹ ㅇ ㅅ ㅁ ㅅ ㄹ ㄷ
ㅎ   ㅎ   ㅌ ㅎ   ㅎ   ㅎ   ㅎ ㅌ

3. 단어와 문장을 합해서 이야기식 연상결합법으로 기억하기 – 바로 생각나는 대로 단어나 문장을 만들어 놓고 연상시킵니다.

형, 머리, 섬, 처녀야, 더 살자, 잘자, 철아, 섬, 사라도(살아도)
→ 두 형제가 오랫동안 섬에 살다가 더 살기가 어려워 내일 섬을 떠나 이사하기로 했다. 동생이 옆에 자는 형을 보니 다년간 머리를 깎지 않아서 머리가 긴 모습이 보인다.
"형 머리 섬처녀야. 근데 여기서 더 살자."
"잘 자 철아, 섬에서 사라도(살아도) 뾰족한 수가 없잖아."

이렇게 의미를 부여해서 심상할 수 있으면 숫자를 정확하게 기억하면서 오래도록 잊지 않습니다. 어렵게 보이지만 연습하면 할수록 해볼 만하다는 것을 알 수 있습니다.

수련문제

1. 4 8 5 4 7 5 0 2 8 3 7 4 9 9 4 9 0 4 8 7 5 7 4 3
ㄹ ㅇ ㅁ ㄹ ㅅ ㅁ ㅊ ㄴ ㅇ ㄷ ㅅ ㄹ ㅈ ㅈ ㄹ ㅈ ㅊ ㄹ ㅇ ㅅ ㅁ ㅅ ㄹ ㄷ
ㅎ   ㅎ   ㅌ ㅎ   ㅎ   ㅎ   ㅎ ㅌ

2. 1 2 0 9 4 8 5 7 1 2 3 0 9 8 7 5 7 5 8 5 8 9

3. 0 7 9 5 7 6 0 0 3 4 2 6 5 4 8 5 7 1 8 9 3 7 5 4

4. 2 4 1 2 9 8 7 6 5 0 8 8 5 4 9 5 0 3 0 5 0 7 8 6 3

5. 0 6 9 6 8 4 9 5 0 4 3 7 2 5 1 6 3 8 7 4 9 5 9 6 0 7 9

전화번호 기억하기

　먼저 기억하고자 하는 사람이나 기관, 장소의 특징을 형상화합니다. 특징을 모를 때는 명칭이나 알고 있는 정보에 의하여 형상화시켜야 합니다. 그 다음 전화번호를 의미 있는 단어나 문장으로 바꾸어 형상화된 이름 기관, 장소와 연상시킵니다.

① 김혜신 : 699 - 5236 : ㅂ ㅈ ㅈ ㅁ ㄴ ㄷ ㅂ
　　　　　　　　　　　　ㅍ　　　　ㅌ ㅍ
　　　　　　　　　　　　ㅜ ㅏ ㅏ　　ㅜ ㅜ

▶ '혜신이는 '부자지만 두부'만 좋아해

② 금화조 : 661 - 7121 : ㅂ ㅂ ㄱ ㅅ ㄱ ㄴ ㄱ
　　　　　　　　　　　　ㅍ ㅍ ㅋ　 ㅋ　 ㅋ
　　　　　　　　　　　　ㅏ ㅗ ㅏ ㅏ ㅣ ㅏ

▶ '정화조(화조)를 '바보가 사가니까' 장사가 잘된다.

　전화번호 기억법에서는 전화번호의 주인이나 기관의 이름을 꼭 집어넣어야 합니다. 가까운 친구나 친지들의 전화번호를 이용하여 기억해 보세요.

③ 한국소비자보호원 : 796 - 6111　ㅅ ㅈ ㅂ ㅂ ㄱ ㄱ ㄱ
　　　　　　　　　　　　　　　　　　　ㅍ ㅍ ㅋ ㅋ ㅋ
　　　　　　　　　　　　　　　　　ㅏ ㅏ　　ㅡ ㅗ

▶ 소비자가 보호하고 있는 '사자밥 크고 크'(다)

★가까운 친구, 친지들의 전화번호를 기억해 보세요.

역사 연대 기억하기

전화번호 기억하기와 마찬가지로 역사적 사건과 심상화된 역사 연대를 연상 결합시켜서 기억하는 방법입니다. 여기에서 역사적 사실에 대하여 알 수 없거나, 기억하기가 어려울 때는 그 사건의 명칭도 연상 처리하여 기억하는 것도 좋은 방법입니다.

① 한양 천도 – 1396 : ㄱ ㄷ ㅈ ㅂ (가다 잡)아라
　　　　　　　　　　ㅋ ㅌ 　 ㅍ

　　▶ 한양으로 '가다 잡'아라, 천도복숭아 도둑을

② 호패법의 실시 – 1402 : ㄱ ㄹ ㅊ ㄴ (가르치니)
　　　　　　　　　　　　ㅋ 　 ㅎ

　　▶ 호패법이 주민등록증이라 '가르치니' 그제야 백성들이 알아들었다.

③ 주자소 설치 – 1403 : ㄱ ㄹ ㅊ ㄷ (가르쳐도)
　　　　　　　　　　　ㅋ 　 ㅎ ㅌ

　　▶ '주'자(字)를 아무리 '가르쳐도' 모르는 소

역사 연대 기억법은 역사의 사건을 삽입하여 기억하는 것이 원칙입니다. 이해가 되지 않을 때는 인출단서를 만들어 연대와 결합하여 기억해도 됩니다.

수련문제

① 한양에 5부 학당 설치 – 1411
　→　　오빠　　　　갈껴!

> ◯ 나도 한양에서 오빠가 다니는 학당에 갈껴!

② 조선 8도의 지방 행정조직을 완성 – 1413
　→　　　　　　　　갈 거다!

> ◯ 조선 8도 여행을 갈 거다!
> 　태조실록을 편찬 – 1413
> ◯ 태조실록을 보러 갈 거다!

③ 세종 즉위 – 1418
　→　　갈 거야!

> ◯ 나는 세종 즉위식에 갈 거야!

④ 집현전 확장 – 1420
　→ 집 한편　　기린차(놀이동산에 가면 호랑이차, 토끼차 등등 많이 있음)

> ◯ 집 한편에 세워진 기린차

★ 이제 직접 해 보시기 바랍니다.

⑤ 고려사 편찬 – 1423

> ◯

⑥ 4군 설치 – 1433

> ◯

⑦ 6진 설치 – 1437

➡

⑧ 측우기 제작 – 1441

➡

⑨ 훈민정음 창제 – 1443

➡

⑩ 훈민정음 반포 – 1446

➡

⑪ 직전법 실시 – 1466

➡

⑫ 경국대전 완성 – 1469

➡

⑬ 3포 왜란 – 1510

➡

⑭ 임신약조 – 1512

➡

⑮ 백운동 서원 세움 – 1543

➡

⑯ 비변사 설치 – 1554

⑰ 을묘왜란 – 1555

⑱ 마리, 제주도 표착 – 1582

⑲ 임진왜란, 한산도 대첩 – 1592

⑳ 행주대첩 – 1593

㉑ 경기도에 대동법 실시 – 1608

㉒ 일본과 기유약조 체결 – 1609

㉓ 동의보감 완성 – 1610

㉔ 인조반정 – 1623

㉕ 이괄의 난 – 1624

➡

㉖ 정묘호란 – 1627

➡

㉗ 벨테브레, 제주도 표착 – 1628

➡

㉘ 정두원이 명에서 천리경, 자명종, 화포 등 수입 – 1631

➡

㉙ 병자호란 – 1636

➡

㉚ 소현세자가 청에서 과학·가톨릭교 등 서양 서적 수입 – 1645

➡

㉛ 하멜, 제주도 표착, 시헌력 채택 – 1653

➡

㉜ 제2차 나선 정벌 – 1658

➡

㉝ 호서 지방에 대동법 실시 – 1659

➡

㉞ 제언사 설치 – 1662

➡

㉟ 상평통보의 주조 – 1678

➡

㊱ 안용복, 독도에서 일본인 쫓아냄 – 1696

➡

㊲ 전국적으로 대동법 시행 – 1708

➡

㊳ 백두산정계비 건립 – 1712

➡

㊴ 탕평책 실시 – 1725

➡

㊵ 균역법 실시 – 1750

➡

㊶ 고구마 전래 – 1763

➡

㊷ 동국문헌비고 완성 – 1770

➡

18

숫자기억법

1. 통계 숫자 고속 기억법

통계 숫자 고속 기억법

수를 기억한다는 것이 쉬운 일이 아닌 반면에, 수를 기억하는 방법 또한 많이 연구되어 왔습니다. 필자가 고안한 '숫자기억법'도 그 중의 하나입니다. 이 숫자기억법은 필자가 어느 신학대학에서 강의를 할 때, 성경 요절을 암기하는 방법을 가르쳐 줄 것을 요청을 받고 고안해 낸 것으로 조금만 연습해도 백 자리 정도의 숫자는 5분 이내에 기억할 수 있습니다. 당시 기억법 수련을 받지 않은 신학생들에게 성경의 장·절을 기억하게 하기가 난감한 문제였습니다. 그 때 생각한 것이 이 '숫자기억법'입니다.

필자는 숫자기억법을 이용하여 '백 자리의 나열된 수를 100초 이내에 기억'할 수 있습니다. 물론 더 긴 숫자도 기억할 수 있습니다. 간단하게는 1,000개 정도의 숫자까지 기억할 수 있습니다. 수련을 통하여 여러분도 할 수 있음을 알려 드립니다. 학습자들에게 수련의 목표를 알려 주기 위해서 위와 같이 밝히는 것이므로, 이것을 필자의 과장된 표현으로 생각하지 않았으면 합니다.

숫자기억법은 음변환술의 일종으로 수의 음에서 형상을 만들어, 수 대신 이 수의 음에서 만든 형상을 기억하는 것입니다. 대뇌는 형상을 보고 감동을 느끼면 쉽게 기억을 합니다. 낱말 공식이나 숫자 변환술보다 변환 처리 속도가 빨라 기억을 빨리 할 수 있으므로, '숫자 고속 기억법'이라 말할 수 있습니다.

숫자의 발음에서 형상을 만듭니다. 1은 '일'이라는 발음에서 '일기장'을 2는 '이'라는 발음에서 '이(벌레)'를 3은 '삼'이라는 발음에서 '삼(인삼 산삼)'을… 이런 식으로 숫자를 형상화하여 기초장을 이용한 기초결합법으로 기억합니다.

　숫자기억법은 연상결합법보다 기초결합법으로 사용하는 것이 적절합니다. 왜냐하면, 반복되는 수가 많기 때문에 연상결합법으로 하면 혼동할 확률이 높기 때문입니다. 이와 반면, 기초결합법은 기초 하나에 변환된 낱말 하나를 기억하는 것이므로 혼동의 여지가 별로 없습니다. 기초가 모두 다르기 때문에 설사 같은 수를 반복해서 연상시킨다 해도 다른 의미와 형태의 형상이 만들어지기 때문입니다. 여기에서 기초 하나 하나가 인출단서의 역할을 하는 것을 알 수 있습니다.

숫자기억법의 연습을 해 보겠습니다.
아래의 숫자를 기초결합법으로 기억해 보겠습니다.

8475693850587304895065069
5784906069658512353265789
0049593452709305868928374
9506560103821069685703977

　기초결합법의 장점 중 가장 큰 장점은 하나의 기초에 한 가지씩 결합함으로써, 혼선 없이 많은 내용을 기억할 수 있다는 것입니다. 이것을 이용하여 위의 숫자를 기억해 봅시다. 이론적으로 아무리 이야기해 보았자 경험보다 더 좋은 도움이 못 될 것입니다. 그러므로 여러분은 다음 페이지의 보기와 같이 실제적으로 연습해 보시기를 바랍니다. 10분 이내에 100자리 수를 기억할 수 있다면 상당한 수준에 도달한 것임을 알기 바랍니다. 그러나 완성은 '100초 이내'에 기억을 해야 됩니다.

목표는
"읽어 가는 속도가 기억하는 속도!"

또한, 100자리 수를 기억해 보았다는 경험은 여러분에게 상당한 자부심을 심어 줄 것입니다. 연습을 충실히 하여 '100초 이내에' 기억할 수 있도록 하십시오. 다음과 같이 연상하여 보기를 바랍니다.

0.	8 – 팔	영화관에 팔이 많이 붙어 있습니다.
1.	4 – 사과	전면 간판에 사과가 매달려 있습니다.
2.	7 – 칠판	돌출 간판을 칠판으로 만들었습니다.
3.	5 – 오징어	손수레 위에서 오징어를 굽고 있습니다.
4.	6 – 육개장	현관문 앞에 육개장이 쏟아져 있습니다.
5.	9 – 구렁이	매표소에서 구렁이가 나옵니다.
6.	3 – 인삼	대기대에 인삼이 매달려 있습니다.
7.	8 – 팔	전화박스에 팔이 달려 있습니다.
8.	5 – 오징어	전화기에 오징어를 붙여 놓았습니다.
9.	0 – 공	전화번호부에 공을 올려놓았습니다.
10.	5 – 오징어	십자가에 오징어가 매달려 있습니다.
11.	8 – 팔	종탑 지붕을 팔로 잡았습니다.
12.	7 – 칠판	종에 칠판이 달려 있습니다.
13.	3 – 삼	종줄에 삼이 매달려 있습니다.
14.	0 – 공	교회 지붕에서 공이 굴러다닙니다.
15.	4 – 사과	홈통에서 사과가 굴러 나옵니다.
16.	8 – 팔	하수구에 팔을 넣었습니다.
17.	9 – 구렁이	교회 창문에 구렁이가 있습니다.
18.	5 – 오징어	교회 문을 오징어로 만들었습니다.
19.	0 – 공	교회 현관에 공을 쌓아 두었습니다.

20.	6 – 육개장	이삭을 육개장에 넣었습니다.
21.	5 – 오징어	밀짚모자 속에 오징어가 들어 있습니다.
22.	0 – 공	저고리 속에 공이 들어 있습니다.
23.	6 – 육개장	기둥을 육개장 속에 넣었습니다.
24.	9 – 구렁이	운전사가 구렁이하고 싸웁니다.
25.	5 – 오징어	탈곡기에 오징어가 붙었습니다.
26.	7 – 칠판	바퀴가 칠판 위로 올라갑니다.
27.	8 – 팔	논둑을 팔로 잡았습니다.
28.	4 – 사과	논물 속에 사과가 빠졌습니다.
29.	9 – 구렁이	논바닥 위로 구렁이가 기어갑니다.
30.	0 – 공	삼치가 공을 먹습니다.
31.	6 – 육개장	삼치 꼬리에 육개장을 부었습니다.
32.	0 – 공	삼치 몸에 공이 붙어 있습니다.
33.	6 – 육개장	삼치 머리를 육개장에 넣었습니다.
34.	9 – 구렁이	모자 속에 구렁이가 들어 있습니다.
35.	6 – 육개장	옷 속에서 육개장이 나옵니다.
36.	5 – 오징어	주머니 속에 오징어가 들어 있습니다.
37.	8 – 팔	어선에 팔이 달려 있습니다.
38.	5 – 오징어	말뚝에 오징어를 매달았습니다.
39.	1 – 일기장	상자 속에 일기장을 넣었습니다.
40.	2 – 이	사진관에 이가 많습니다.
41.	3 – 삼	배경 걸이에 삼을 매달았습니다.
42.	5 – 오징어	배경 위에서 오징어가 춤을 춥니다.
43.	3 – 삼	의자를 삼으로 만들었습니다.
44.	2 – 이	액자에 이가 잔뜩 붙어 있습니다.
45.	6 – 육개장	필름통을 육개장에 빠뜨렸습니다.
46.	5 – 오징어	책상 위로 오징어가 기어다닙니다.
47.	7 – 칠판	카메라에 칠판을 매달았습니다.
48.	8 – 팔	받침대에 팔이 달려 있습니다.
49.	9 – 구렁이	다리를 구렁이가 감고 있습니다.

★ 자, 이제 직접 해 보세요.

50.	0 – 공	
51.	0 – 공	
52.	4 – 사과	
53.	9 – 구렁이	
54.	5 – 오징어	
55.	9 – 구렁이	
56.	3 – 삼	
57.	4 – 사과	
58.	5 – 오징어	
59.	2 – 이	
60.	7 – 칠판	
61.	0 – 공	
62.	9 – 구렁이	
63.	3 – 삼	
64.	0 – 공	
65.	5 – 오징어	
66.	8 – 팔	
67.	6 – 육개장	
68.	8 – 팔	
69.	9 – 구렁이	
70.	2 – 이	
71.	8 – 팔	
72.	3 – 삼	
73.	7 – 칠판	
74.	4 – 사과	
75.	9 – 구렁이	
76.	5 – 오징어	
77.	0 – 공	
78.	6 – 육개장	
79.	5 – 오징어	

80.	6 – 육개장	
81.	0 – 공	
82.	1 – 일기장	
83.	0 – 공	
84.	3 – 삼	
85.	8 – 팔	
86.	2 – 이	
87.	1 – 일기장	
88.	0 – 공	
89.	6 – 육개장	
90.	9 – 구렁이	
91.	6 – 육개장	
92.	8 – 팔	
93.	5 – 오징어	
94.	7 – 칠판	
95.	0 – 공	
96.	3 – 삼	
97.	9 – 구렁이	
98.	7 – 칠판	
99.	7 – 칠판	

수련문제 1 다음 숫자를 기초결합법으로 심상하세요.

9547439505969616525272738
4959607864379879073265789
9087643350896453211234265
0987608060646789364849827

수련문제 2 다음 숫자를 기초결합법으로 심상하세요.

7098987876765654543432431
2843344354654676767096123
3244655787876876899987768
5987627968404108505007659

수련문제 1. 적어 보세요.

수련문제 2. 적어 보세요.

음변환술에 의한 수기억법

1. 전화번호 기억법
2. 역사 연대 기억법
3. 대수 기억법
4. 통계 숫자 기억법
5. 제곱근 기억법

음변환술에 의한 수기억법이란 숫자의 음을 이용하여 추상적인 수의 음을 형상적이며 구체적인 의미로 바꾸어 기억하는 것입니다. 비록 형상적인 형태가 없는 수이지만, 수의 발음에서 형상을 느낄 수 있는 경우가 많으므로, 그 형상을 기억하면 수를 기억하는 결과가 됩니다. 예를 들면, 이삿짐센터는 '2424-이사이사'라든가, 공인중개사는 '8949-팔구사구' 등으로 변환하여, '이삿짐센터에 부탁하여 이사이사하세', '공인중개사는 집을 팔구사구 한다'와 같이 기억하는 방법입니다.

음을 완전히 활용하기 어려울 때는, 뜻을 완성할 수 있는 다른 소재를 첨가해도 됩니다. 이렇게 할 경우 여러분은 혹시나 혼선이 올까 걱정이 될지 몰라도, 여러분 자신이 만든 내용이라면 혼선 없이 기억할 수 있습니다.

자. 그러면 음변환술을 수련해 보기로 하겠습니다.

전화번호 기억법

① 중국집 전화번호 : 603 – 9413 (여공 셋, 구사일생)
　짜장면 먹고 여공 셋(603)이 구사일생(9413)으로 살아났다.

② 인쇄소 전화번호 : 743 – 9507 (줄서세, 국어 공책)
　인쇄소에 줄서세!(743) 국어 공책(9507)을 나누어 준다네.

③ 김철호(가명) : 698 – 5578 (육교 팔아 오! 칠판)
　김철호는 육교 팔아(6985) 오! 칠판(578) 샀네.

④ 이순이(가명) : 696 – 4219 (역과 역 사이 일구)
　순이는 역과 역(696) 사이 일구(4219)어 부자가 되었다.

⑤ 박동우(가명) : 654 – 1628 (요 옷사! 일류 이빨)
　동우야 요 옷사!(654) 네 일류 이빨(1628)에 어울리잖아?

⑥ 수퍼마켓 : 699 – 0022 (와구구! 빵빵 둘둘 말아 먹네!)
　배고프다고 수퍼마켓에서 와구구!(699) 빵빵 둘둘(0022) 말아 먹네!

⑦ 한수이(가명) : 692 – 5379 (요고이 오산절구)
　이북 사람 한수이는 요고이(692) 오산절구(5379)라며 자랑한다.

전화번호 기억법은 낱말 공식과 숫자변환술에서 많이 수련하였습니다. 그러므로 여기에서는 수련 과정을 생략하겠습니다. 필요한 연습은 여러분이 수련하여 체득하시기 바랍니다.

수련은 꼭 필요한 것입니다. 열심히 노력하시기 바랍니다.

역사 연대 기억법

① 고구려, 태조왕 즉위 : 53 (오삼-우산)
　 태조왕이 고구마로 만든 우산(53)을 쓰고 즉위한다.

② 몽고 제1차 침입 : 1231 (열두, 삼 일)
　 몽고 사람 열두(12)명이 삼 일(31) 만에 쳐들어 왔다.

대수 기억법

① log2 = 0.3010 (이 공, 새 공, 열)
   이 공(20)은 새 공(30)인데, 열(10) 개나 샀어.

② log3 = 0.4771 (새, 영사관, 칠, 칠, 하나)
   새(3) 영사관(04)은 페인트 칠(7)을 칠(7)하나(1) 마나야.

③ log4 = 0.6021 (사공, 여공, 2일)
   사공(40)과 여공(60)이 다음 달 2일(21)에 결혼한다.

④ log5 = 0.6990 (오, 영육, 구구히, 영혼)
   오(5)! 내 영육(靈肉, 06) 속에 구구(99)히 스며드는 그대의 순결한 영(0)혼이여!

⑤ log6 = 0.7782 (여공, 칠칠맞다, 파리)
   여공(60)이 칠칠(77)맞지 못하게 파리(82)에게 시달리고 있다.

통계 숫자 기억법

① 적도 반경 6,378,388km (63빌딩, 철판, 3번, 88)
　63빌딩(63)에 사용된 철판(78)은 적도에서 3번(3) 단련하여 88올림픽(88)에서 그 뛰어난 재질을 선보였던 것이다.

② 남북한 총면적 220,890km^2 (남남북녀, 두 쌍, 동그랗다, 팔찌, 구공탄)
　남남북녀는 두 쌍(22)의 동그란(0) 팔찌(8)를 팔아 구공탄(90)을 샀다.

제곱근 기억법

√를 '집' 또는 '건물'이라 가정한다.

① $\sqrt{2}$ = 1.414213 (이층집, 일요일, 회사원, 42번 버스, 일산)
　이층집($\sqrt{2}$)에서 일요일(1)에 회사원(41)이 42번(42) 버스를 타고 일산(13)으로 여행을 간다.

② $\sqrt{3}$ = 1.732051 (상가, 한 치, 삼이, 영, 오일)
　상가($\sqrt{3}$)에서 사 온 한 치(17) 크기의 삼이(32) 영(0) 오일(51) 맞이다.

③ $\sqrt{5}$ = 2.2360673 (옥상, 쌍둥이, 36계, 곤욕, 치르다, 살려달라)
　옥상($\sqrt{5}$)에서 장난치던 쌍둥이(22)가 36계(36) 줄행랑을 치다 난간에 매달려 곤욕(06)을 치르고(7) 있다가 더이상 버틸 수 없어 살(3)려 달라고 소리친다.

④ $\sqrt{6}$ = 2.449489 (집을 6번, 이사, 사고, 사팔뜨기, 고치다)
　집을 6번($\sqrt{6}$) 이사(24)한 후 사고(49)를 당해 사팔뜨기(48)가 되었는데, 이것을 고(9)치려고 애를 쓴다.

⑤ $\sqrt{7}$ = 2.6457513 (집 칠 두 번, 엿 사와, 치워, 하루 새)
　집 칠 두 번($\sqrt{7}$,2) 해 주고, 툭하면 엿 사오(645)라고 떼를 부려서, 다 치워!(75) 하루 새(13)면 나도 할 수 있어! 하고 화를 냈다.

⑥ $\sqrt{8}$ = 2.8284271 (팔각정, 이팔청춘, 우리 사이, 철, 한번)
　팔각정($\sqrt{8}$)에 놀러 온 너와 나는 이팔청춘!(28, 28) 우리 사이(42) 철(7) 다 지나기 전에 한번(1) 결혼하자.

⑦ √10 =3.1622776 (10층, 삼일절, 욕이, 이 칠칠맞지 못한 놈아, 욕)

10층 빌딩(√10) 위에서 삼일절(31) 행사를 보다가, 욕(6)이(2) 치밀어 '이(2) 칠칠(77)맞지 못한 놈아!'라고 친일파들에게 욕(6)을 했다.

20

음결합법에 의한 수기억법

1. 음결합법의 원리
2. 수련문제

잘 쓰이지 않는 방법이나, 알아두면 쓸모 있을 때가 있을 것입니다. 이것 역시 잘 수련하여 활용할 수 있도록 하십시오.

음결합법이란 0 ~ 9까지 수에서 각 수의 발음과 유사음을 모아 수 대신 사용할 수 있도록 한 수의 기억 방법입니다. 음변환술로 기억할 때에 인출단서를 잘 만들어 내지 못하는 경우가 종종 있습니다. 이럴 경우에 음결합법을 이용하면 기억하기가 수월해집니다. 사람마다 각기 성격이 달라 수기억법을 활용하는 방법도 다를 수 있습니다. 각자 자기 성격에 맞는 방법을 선택하여 사용하시기 바랍니다.

음결합법의 원리

1	2	3	4	5	6	7	8	9	0
↓	↓	↓	↓	↓	↓	↓	↓	↓	↓
일	이	삼	사	오	육	칠	팔	구	영
원	투	세	서	다	여	치	파	국	공
완	둘		네	옥	요	질	판	군	빵
화	돌		살		유	지	마	굴	방
	토								

　음결합법은 수의 자리 수가 홀수인 경우에 주로 사용되는데, 짝수 자리는 음변환술로 처리하고, 마지막 수는 수 대신에 그 수를 대신하는 음 중에서 알맞은 음을 선택하여 음변환술로 만든 인출단서에 결합시키는 것입니다.

예를 들면

① 524 = 52는 '만'이므로, 여기에 4의 대표음인 '사 서 네 살' 중에서 알맞은 음을 골라 결합하면 '만사 또는 만 살'이 된다.

524 = 만사(萬事), 만 살(나이)

② 425 = 42은 '한'이므로, 여기에 5의 대표음인 '오 다 옥' 중에서 알맞은 음을 골라 결합하면 '한옥 또는 한다'가 된다.

425 = 한옥(韓屋), 한다(서술어)

③ 978 = 97은 '잣'이므로, 여기에 8의 대표음인 '팔 파 판 마' 중에서 알맞은 음을 골라 결합하면 '잣 팔 또는 잣판'이다.

978 = 잣 팔(잣 팔개) 잣판(잣을 널려 놓은 판)

음결합법은 자리 수가 홀수 개인 수의 마지막 끝자리 수를 처리하는 데 좋다는 것을 알게 되었습니다. 이 음결합법을 숙달하면 신속하게 수를 기억할 수 있음을 느끼게 될 것입니다. 다만, 앞에서 배운 낱말 공식 활용법, 숫자변환술, 숫자기억법, 음변환술로 인하여 수를 기억하는 데 어려움이 없으므로 잘 활용되지 않을 수 있다는 생각이 듭니다. 여러분의 무궁한 발전을 빌면서 음결합법 수련으로 들어가겠습니다.

수련문제

연상되는 것을 구별하여 기억하시오.

912		427		564		890	
165		927		986		563	
967		753		456		486	
258		832		678		353	
627		573		978		765	
425		456		345		453	
531		424		411		123	
521		268		450		234	
749		856		986		345	
372		231		586		456	
434		364		356		567	
978		627		442		678	

913		428		565		891	
166		928		987		562	
968		754		457		485	
259		833		679		354	
628		574		979		766	
426		457		346		454	
532		425		412		124	
522		269		451		235	

Photo Mnemonic System
Photo Reading
Study Technics

21

형태변환법에 의한 수기억법

1. 형태변환법의 원리
2. 형태변환법의 적용

형태변환법의 원리

형태변환법이란 수의 모양을 형상화하여, 수 대신 형상을 **스타킹 심상학습기억법**의 원리대로 기억하는 방법을 말합니다. 숫자기억법과 큰 차이가 없으므로, 사용자의 성격에 맞는 방법을 선택하여 사용하십시오.

그런데, 공교롭게도 이와 비슷한 방법이 시중에 많이 알려져 있었습니다. 다만 그 방법을 획기적인 방법으로 사용하지 못하고 있었을 뿐입니다. 그것은 일종의 '형태변환법'이라 할 수 있는데, 예전에 TV 유치원에서 어린이들에게 숫자를 지도하는 것에 활용되었습니다. 예를 들면 "숫자 1은 무얼까? 맞춰 봐요. 무얼까? 맞춰 봐. 공장 위에 굴뚝, 공장 위에 굴뚝!" 이렇게 노래와 그림으로 수를 기억하는 방법입니다. 단순한 것 같지만 기억법의 원리로 적용하면 놀라울 정도의 수를 기억하는 능력을 터득할 수 있을 것입니다. 이것을 '형태변환법'이라고 명명했습니다.

형태변환법을 이용하여 역사의 사실과 사건을 세기(世紀)와 함께 기억하기로 하겠습니다.

1부터 20까지의 수를 형상화합니다.

11. 젓가락	12. 고래	13. 산	14. 안테나	15. 워커
16. 개구리	17. 나무	18. 총	19. 버선	20. 다람쥐

형태변환법의 적용 – 세기 기억법

세기 기억법 – 예를 살펴보고 외워보기를 바랍니다.

① 1세기 : 로마, 네로 황제 즉위
    굴뚝   검은고양이 네로

> ◯ 굴뚝 속에서 검은고양이 네로가 황제로 즉위했다.

② 1세기 : 제1차 그리스도교 박해
    굴뚝 한번에, 한꺼번에

> ◯ 굴뚝 속에 그리스도인들을 한꺼번에(제1차) 집어 놓고 박해한다.

③ 2세기 : 플루타르크, 영웅전 저술

> ◯

④ 2세기 : 로마, 파르티아 격파

> ◯

⑤ 3세기 : 군인 황제 시대

> ◯

⑥ 3세기 : 로마 분할 통치

➡

⑦ 4세기 : 콘스탄티누스 황제 즉위

➡

⑧ 4세기 : 밀라노 칙령, 그리스도교 공인

➡

⑨ 5세기 : 아우구스티누스, 신국론 저술

➡

⑩ 5세기 : 프랑크 왕국 성립

➡

⑪ 6세기 : 유스티아누스 법전 편찬

➡

⑫ 6세기 : 교황 그레고리우스(1세) 즉위

➡

⑬ 7세기 : 비잔틴 왕국과 사산왕조 페르시아의 싸움

➡

⑭ 7세기 : 피핀, 프랑크 왕국의 정권 장악

　➡

⑮ 8세기 : 카를링거 왕조 성립

　➡

⑯ 8세기 : 카를루스 대제 프랑크 왕국 통일

　➡

⑰ 9세기 : 메르센 조약

　➡

⑱ 9세기 : 프랑크 왕국 분열

　➡

⑲ 10세기 : 신성로마제국 성립

　➡

⑳ 10세기 : 카페 왕조 성립

　➡

㉑ 11세기 : 노르만족, 영국 정복

　➡

㉒ 11세기 : 십자군 원정

　　▶

㉓ 12세기 : 파리 대학 설립

　　▶

㉔ 12세기 : 옥스퍼드 대학 설립

　　▶

㉕ 13세기 : 마그나카르타(대헌장) 성립

　　▶

㉖ 13세기 : 독일 대공위 시대

　　▶

㉗ 14세기 : 교황의 아비뇽 유수

　　▶

㉘ 14세기 : 단테, 신곡 완성

　　▶

㉙ 15세기 : 잔다르크, 영국군 격파

　　▶

㉚ 15세기 : 구텐베르크, 금속활자에 의한 인쇄술 발명

　▶

㉛ 16세기 : 루터, 종교 개혁

　▶

㉜ 16세기 : 칼뱅, 종교 개혁

　▶

㉝ 17세기 : 청교도, 북아메리카 상륙

　▶

㉞ 17세기 : 뉴턴, 만유인력 발견

　▶

㉟ 18세기 : 베르사유 궁전 완성

　▶

㊱ 18세기 : 영국, 권리장전 발표

　▶

㊲ 19세기 : 나폴레옹 즉위

　▶

㊳ 19세기 : 링컨, 노예 해방 선언

　➡

㊴ 20세기 : 아인슈타인, 상대성 원리 발표

　➡

㊵ 20세기 : 파리평화회의, 베르사유 조약

　➡

㊶ 20세기 : 플레밍, 페니실린 발견

　➡

㊷ 20세기 : 제2차 세계대전

　➡

㊸ 20세기 : 카이로 선언

　➡

㊹ 20세기 : 마셜 플랜, 코민포름 결성

　➡

㊺ 20세기 : 소련, 세계 최초 인공위성 스푸트니크 1호 발사

　➡

㊻ 20세기 : 유럽경제공동체(EC) 발족

　　➡

㊼ 20세기 : 미국, 아폴로 11호 인류 최초 달 착륙

　　➡

㊽ 20세기 : 닉슨, 중국 방문

　　➡

㊾ 20세기 : 영국, 중국에 홍콩 반환

　　➡

Photo Mnemonic System
Photo Reading
Study Technics

제3편

스타킹 심상학습기억법 고급편

Photo Mnemonic System
Photo Reading
Study Technics

전 과목 기억술 8비법

1. **전 과목 기억술 제1비법** – 구, 절로 끊어 기억하기
2. **전 과목 기억술 제2비법** – 연상결합법으로 기억하기
3. **전 과목 기억술 제3비법** – 제목의 글자로 기억하기
4. **전 과목 기억술 제4비법** – 기초결합법으로 기억하기
5. **전 과목 기억술 제5비법** – 연상결합법으로 기억하기
6. **전 과목 기억술 제6비법** – 기초연상결합법으로 기억하기
7. **전 과목 기억술 제7비법** – 토씨 하나 빼 놓지 않고 기억하기
8. **전 과목 기억술 제8비법** – 심상술을 이용하여 기억하기

전 과목 기억술 제1비법 – 구, 절로 끊어 기억하기

이제 단어가 아닌 문장을 기억해 보기로 하겠습니다. 여기에서는 2개 이상의 단어들의 결합으로 된 글을 문장이라 지칭하겠습니다.

전 과목 기억술 제1비법은 학습물의 내용이 쉽게 이해가 되거나 납득할 수 있을 때, 문장의 내용에서 인출단서를 만들지 않고 학습물의 내용에 맞추어 기초장을 변환하여 기초 결합으로 기억하는 방법입니다. 이 방법은 학습물보다 기초장을 변환하여 기초장에서 인출단서를 만들어서 기억하는 것으로, 학습물이 문장이기에 단어 하나하나를 일일이 기억하기가 원활하지 못할 때 문장을 기억하기에 수월하게 기억할 수 있는 방법입니다. 단, 문장의 뜻을 이해 못할 때는 변환법에서와 같이 배운 바대로 문장이나 단어를 변환하여 기초결합법으로 기억합니다.

전 과목 기억술 제1비법의 처리 순서

1. 심상 4단계의 원리를 상기한다.
2. 학습물의 내용을 보고, 기초장의 해당 기초에서 어울릴 인출단서를 생각해 낸다.
3. 인출단서로 심상작업하여 해당 기초와 결합을 시켜 기억한다.
4. 학습물의 내용에서 심상 처리하기가 어렵거나, 쉽게 잊어버릴 단어, 또는 구, 절은 더욱 강조하여 혹시라도 잊어버리지 않도록 주의한다. 이럴 경우, 해당 부위에 또 다른 인출단서를 삽입한다.
5. 기억한 내용을 재생하여 확실히 기억이 되었는지 확인한다.

전 과목 기억술 제1비법	학습물의 모양대로 인출단서를 만든다.	심상작업하여 기억한다.	기억을 재생하여 확인한다.
방법선택	인출단서	심상작업	기억재생

[심상 4단계의 적용]

초혼

김소월

1. 산산이 부서진 이름이여
2. 허공 중에 헤어진 이름이여
3. 불러도 주인 없는 이름이여
4. 부르다가 내가 죽을 이름이여
5. 심중에 남아 있는 말 한마디는
6. 끝끝내 마저 하지 못하였구나
7. 사랑하던 그 사람이여
8. 사랑하던 그 사람이여
9. 붉은 해는 서산마루에 걸리었다
10. 사슴의 무리도 슬피 운다
11. 떨어져 나가 앉은 산 위에서
12. 나는 그대의 이름을 부르노라
13. 설움에 겹도록 부르노라
14. 설움에 겹도록 부르노라
15. 부르는 소리는 비껴가지만
16. 하늘과 땅 사이가 너무 넓구나
17. 선 채로 이 자리에 돌이 되어도
18. 부르다가 내가 죽을 이름이여
19. 사랑하던 그 사람이여
20. 사랑하던 그 사람이여

그림만 보고 적어보세요.

 자, 이제 연상을 해 보겠습니다.

1. 머리 – 머리가 산산이 깨졌다 : 산산이 부서진 이름이여
2. 이마 – 이마를 허공이라 하고, 구름이 이마 중간에서 흩어지는 모양을 보면서 : 허공 중에 헤어진 이름이여

3. 눈썹 – 배우가 분장을 할 때 남의 하얀 수염을 잘라 검은 눈썹을 만들어 달고 미안해서 눈썹 주인을 찾으나 수염 주인은 아무리 불러도 대답이 없다 : 불러도 주인 없는 이름이여

4. 눈 – 눈이 부르터져 죽은 동태의 눈이다 : 부르다가 내가 죽을 이름이여 → '부르다'를 먼저 떠올리지 못하는 경우가 있을 수 있다. 그래서 좀 마음에 안 들지만, '부르터져'를 삽입했다.

5. 귀 – 귀가 심장처럼 생겼다고 하자. 그리고 입이 하나 붙어 있다. 입은 '말 한마디'를 연상하게 한다. 심장 모양의 귀에 붙어 있는 입 하나 : 심중에 남아 있는 말 한마디는

6. 코 – 재채기를 하려다 누가 건드려서 끝끝내 마저 하지 못했다 : 끝끝내 마저 하지 못하였구나

7. 인중 – 콧물이 하트 모양으로 인중에 걸려 있다. (지저분하지만…) 하트는 사랑을 상징하는 표현 기법 : 사랑하던 그 사람이여

8. 입 – 입 모양이 하트처럼 생겼다 : 사랑하던 그 사람이여

9. 턱 – 턱을 서산마루라 하고, 서산마루 같은 턱에 붉은 해가 걸려 있다 : 붉은 해는 서산마루에 걸리었다

10. 목 – 사슴처럼 목이 길어서 슬피 운다 : 사슴의 무리도 슬피 운다

11. 어깨 – 높은 산 위에서 떨어져서 어깨뼈를 다쳤다. 너무 아파 그만 땅바닥에 주저앉고 말았다 : 떨어져 나가 앉은 산 위에서

12. 알통 – 다친 사람의 알통을 잡고 '영구야 영구야 괜찮니?' 하며 이름을 부른다 : 나는 그대의 이름을 부르노라

13. 팔뚝 – 팔뚝이 부러져 서럽다 : 설움에 겹도록 부르노라

14. 손등 – 손등도 다쳐서 서럽다 : 설움에 겹도록 부르노라

15. 손가락 – 젖은 손가락으로 젖은 비누를 잡는데 자꾸 비껴간다 : 부르는 소리는 비껴가지만

16. 가슴 – 넓은 가슴에 땅과 하늘을 그렸더니 그 사이가 너무 넓다 : 하늘과 땅 사이가 너무 넓구나

17. 갈비뼈 – 너무 오랫동안 서 있어서 갈비뼈가 돌처럼 굳어졌다 : 선 채로 이 자리에 돌이 되어도

18. 배 – 배가 불러 터져 죽겠다 : 부르다가 내가 죽을 이름이여 → 여기서도 '불러 터져'란 말은 '부르다가'를 연상하기 위해서 삽입한 말이다.
19. 배꼽 – 배꼽이 하트 모양이다 : 사랑하던 그 사람이여
20. 허리 – 허리에 하트 모양의 주머니를 달았다 : 사랑하던 그 사람이여

　이상과 같이, 내용이 떠오를 수 있도록 학습 내용을 변환하여 인출단서를 만든 다음 기초결합을 시키면 행의 위치까지 정확하게 기억할 수 있게 됩니다.
　시의 제목과 작자까지 기억을 해야 하며, 숙달될 때까지 열심히 수련해야 합니다. 여기서는 시만 가지고 연습하였으나, 일반 문장을 구나 절 단위로 끊어서 기억하는 연습을 꼭 해서 어떠한 내용이든지 기억할 수 있는 능력을 키워야 합니다.
　몇 가지 시를 여러분께서 직접 전 과목 기억법 제1방법을 활용하여 기억해 보십시오.

샘물이 혼자서

주요한

1. 샘물이 혼자서
2. 춤추며 간다
3. 산골짜기 돌 틈으로.

4. 샘물 혼자서
5. 웃으며 간다
6. 험한 산길 꽃 사이로.

7. 하늘은 맑은데
8. 즐거운 그 소리
9. 산과 들에 울리운다.

기억해서 적어보세요.
1.
2.
3.
4.
5.
6.
7.
8.
9.

기초장 0의 장을 이용하여 기억해 보기로 하겠습니다.

0. **영화관** : 영화관 무대 위에 샘물이 혼자 고여 있다 – 샘물이 혼자서(제목) → 이 샘물이 중요하다고 사람들이 샘물을 빙 둘러서 있다. – 주요한(작가)
1. **전면 간판** : 전면 간판에 샘물이 혼자 그려져 있다 – 샘물이 혼자서
2. **돌출 간판** : 돌출 간판이 춤을 추며 걸어간다. – 춤추며 간다.
3. **손수레** : 손수레가 골짜기 돌 틈에 끼여 있다 – 산골짜기 돌 틈으로
4. **현관문** : 현관문에 샘물이 혼자 고여 있다 – 샘물이 혼자서
5. **매표소** : 매표소에서 표를 산 사람들이 웃으며 간다. – 웃으며 간다.
6. **대기대** : 대기대는 험한 산길에서 가져온 꽃으로 장식했는데 그 사이로 사람들이 지나간다. – 험한 산길 꽃 사이로
7. **전화박스** : 전화박스 지붕이 없어서 하늘이 맑게 보인다. – 하늘은 맑은데
8. **공중전화기** : 공중전화기에서 즐거운 소리가 들린다. – 즐거운 그 소리
9. **전화번호부** : 전화번호부를 너무 많이 만들어서 헬리콥터로 싣고, 하늘로 올라가 산과 들에 떨어뜨려 버린다. 그래서 산과 들이 울린다. – 산과 들에 울리운다.

| 수련문제 1 | 다음을 40의 장 사진관의 장과 50의 장 오디오의 장을 이용하여 다음 시를 기억해 보세요. |

논개

변영로

42. 거룩한 분노는
43. 종교보다도 깊고
44. 불붙는 정열은
45. 사랑보다도 강하다
46. 아! 강낭콩꽃보다도 더 푸른
47. 그 물결 위에
48. 양귀비꽃보다도 더 붉은
49. 그 마음 흘러라.
50. 아리땁던 그 아미

51. 높게 흔들리우며
52. 그 석류 속 같은 입술
53. 죽음을 입맞추었네!
54. 아! 강낭콩꽃보다도 더 푸른
55. 그 물결 위에
56. 양귀비꽃보다도 더 붉은
57. 그 마음 흘러라.

58. 흐르는 강물은
59. 길이길이 푸르리니
60. 그대의 꽃다운 혼
61. 어이 아니 붉으랴.
62. 아! 강낭콩꽃보다도 더 푸른
63. 그 물결 위에
64. 양귀비꽃보다도 더 붉은
65. 그 마음 흘러라.

40. 제목 :
41. 작가 :
42.
43.
44.
45.
46.
47.
48.
49.
50.

51.
52.
53.
54.
55.
56.
57.

58.
59.
60.
61.
62.
63.
64.
65.

수련문제 2 10의 장 십자가의 장과 20의 장 이삭의 장을 이용하여 다음 시를 기억하시오.

빗소리

주요한

12. 비가 옵니다.
13. 밤은 고요히 깃을 벌리고
14. 비는 뜰 위에 속삭입니다.
15. 몰래 지껄이는 병아리같이.

16. 이지러진 달이 실낱같고
17. 별에서도 봄이 흐를 듯이
18. 따뜻한 바람이 불더니,
19. 오늘은 이 어둔 밤을 비가 옵니다.

20. 비가 옵니다.
21. 다정한 손님같이 비가 옵니다.
22. 창을 열고 맞으려 하여도
23. 보이지 않게 속삭이며 비가 옵니다.

24. 비가 옵니다.
25. 뜰 위에, 창 밖에, 지붕에,
26. 남모를 기쁜 소식을
27. 나의 가슴에 전하는 비가 옵니다.

10. 제목 :
11. 작가 :
12.
13.
14.
15.
16.
17.
18.
19.
20.
21.
22.
23.
24.
25.
26.
27.

수련문제 3 30의 장 삼치의 장을 이용하여 다음 시를 기억하시오.

절정

이육사

32. 매운 계절의 채찍에 갈겨
33. 마침내 북방으로 휩쓸려오다.

34. 하늘도 그만 지쳐 끝난 고원
35. 서릿발 칼날진 그 우에 서다.

36. 어데다 무릎을 꿇어야 하나
37. 한 발 재겨 디딜 곳조차 없다.

38. 이러매 눈 감아 생각해 볼밖에
39. 겨울은 강철로 된 무지갠가 보다.

30. 제목 :
31. 작가 :
32.
33.
34.
35.
36.
37.
38.
39.

★ 기초장을 선택하여 연습해 보세요.

내 마음을 아실 이

김영랑

1. 내 마음을 아실 이
2. 내 혼자 마음 날같이 아실 이
3. 그래도 어디나 계실 것이면,
4. 내 마음에 때때로 어리우는 티끌과
5. 속임 없는 눈물의 간곡한 방울방울,
6. 푸른 밤 고이 맺는 이슬 같은 보람을
7. 보밴 듯 감추었다 내어 드리지.
8. 아! 그립다.
9. 내 혼자 마음 날같이 아실 이
10. 꿈에나 아득히 보이는가.
11. 향 맑은 옥돌에 불이 달아
12. 사랑은 타기도 하오련만
13. 불빛에 연긴 듯 희미론 마음은,
14. 사랑도 모르리, 내 혼자 마음은.

1.	8.
2.	9.
3.	10.
4.	11.
5.	12.
6.	13.
7.	14.

일 월

유치환

1. 나의 가는 곳
2. 어디나 백일(白日)이 없을쏘냐.
3. 머언 미개적 유풍(遺風)을 그대로
4. 성신(星辰)과 더불어 잠자고,
5. 비와 바람을 더불어 근심하고,
6. 나의 생명과
7. 생명에 속한 것을 열애(熱愛)하되,
8. 삼가 애련(愛憐)에 빠지지 않음은
9. ----- 그는 치욕임일레라.
10. 나의 원수와
11. 원수에게 아첨하는 자에겐
12. 가장 옳은 증오(憎惡)를 예비하였나니.
13. 마지막 우러른 태양이
14. 두 동공에 해바라기처럼 박힌 채로
15. 내 어느 불의(不意)에 즘생(짐승)처럼 무찔리기로
16. 오오, 나의 세상의 거룩한 일월(日月)에
17. 또한 무슨 회한(悔恨)인들 남길쏘냐.

1.	10.
2.	11.
3.	12.
4.	13.
5.	14.
6.	15.
7.	16.
8.	17.
9.	

응용문제 1 다음을 배운 대로 기억해 보세요.

이제 단어가 아닌 문장을 / 기억해 보기로 하겠습니다. / 여기에서는 2개 이상의 단어들의 결합으로 된 글을 / 문장이라 지칭하겠습니다. /

전 과목 기억술 제1비법은 / 학습물의 내용이 쉽게 이해가 되거나, / 납득할 수 있을 때, / 문장의 내용에서 인출단서를 만들지 않고, / 학습물의 내용에 맞추어 / 기초장을 변환하여 / 기초 결합으로 기억하는 방법입니다. / 이 방법은 / 학습물보다 기초장을 변환하여 / 기초장에서 인출단서를 만들어서 / 기억하는 것으로, / 학습물이 문장이기에 / 단어 하나하나를 / 일일이 기억하기가 원활하지 못할 때, / 문장을 기억하기에 / 수월하게 기억할 수 있는 방법입니다. / 단, / 문장의 뜻을 이해 못할 때는 / 변환법에서와 같이 배운 바대로 / 문장이나 단어를 변환하여 / 기초결합법으로 기억합니다. /

 위의 내용을 기록해 보세요.

응용문제 2 이것은 연필을 기초장으로 하여 기억하는 것입니다. 연필을 기초장이라 생각하고 연필에 상상으로 결합시켜 보세요. 일명 [커닝페이퍼]라고 합니다.

1 나는 좋아하고 사랑한다.
2 버스나 기차에서
3 시장이나 길거리에서
4 마주보기만 하면
5 물끄러미 바라보거나
6 매료되어 쳐다보다 웃고
7 용무가 끝나서 가자고 하면
8 가장 신나고 보람되고
9 바로 이 정거장 마당에
10 모여 웅성거리고
11 기다리고 있는 것이었으나
12 옛날의 이야기인 것이다.
13 본 것도 처음이었고
14 빙긋이 웃고 있다
15 주렴 밖에 생긴 별
16 아는 이 있을까?
17 꽃이 지는 아침은 울고
18 보는 이 없는 시공에
19 연기처럼 덮여 오는
20 편안한 그늘이여
21 미지의 까마득한 어둠
22 흰 구름 지니고 살듯
23 스치면 금이 될 것이다
24 푸른 별을 바라보며
25 지닌 것도 오직 이뿐
26 아름다운 나무의 꽃
27 나의 웃음을 만드신 후에
28 라일락의 새순을 적시고
29 우는 소리를 나는 들었다
30 깊은 수렁에서처럼
31 가을 하늘이 높다기로
32 봄 바다가 깊다기로
33 손이 자라서 오를 수

34 언제나 내 더럽히지
35 참말로 참말로
36 사랑 때문에
37 못 이겨 그냥 그
38 머언 산 청운산
39 가는 버들이랑
40 가락에 맞추어
41 다소곳이 흔들리는
42 바람이 파도를
43 밀어 올리듯
44 아무데도 갈 수가
45 본래 그 마음은
46 정한 모래 틈에
47 깨끗함을 자랑한다
48 나의 이 젊은 나이
49 나 보기가 역겨워
50 놓인 그 꽃을
51 죽어도 아니 눈물
52 님은 갔습니다.
53 들어부었습니다.
54 님은 갔지마는
55 보내지 않았다
56 풍요로운 삶과 희망
57 한 잔의 술
58 목마를 타고 떠난
59 가나안을 향하여
60 모든 일에 떠나든
61 가을바람 소리는
62 내 쓰러진 술병
63 처량한 목마 소리
64 가을바람 소리는
65 서름에 겹도록
66 여유만 가지고

67 눈을 아롱아롱
68 무궁화 꽃이 피다
69 초롱에 불빛
70 지친 밤하늘
71 그대 하늘 끝
72 홀로 가신 님아
73 아하, 무사히
74 왔다갔다
75 마지막 길가는
76 얻어맞은 남편
77 그 날이 와서
78 그 자리에 거꾸러져도
79 사슴을 따라
80 애띠고 고운 날을
81 고운 해야
82 젖먹이 달래는 노래
83 고맙게 잘 자란 보리
84 다리를 절며
85 강가에 나온 아이
86 바람보다 늦게 나와
87 풀이 눕는다.
88 들마다 늦은 가을
89 으슬으슬 속삭이고
90 옛이야기가 여기저기
91 양귀비꽃보다도
92 이 강이 어느 강가
93 멀리 있는 기인 둑
94 어머니 아직 촛불을
95 인제야 저 숲 너머에
96 타고 남은 재가
97 그래도 어디나 계실
98 낙타는 어린 시절
99 떨어져 있음직한

전 과목 기억술 제2비법 – 연상결합법으로 기억하기

전 과목 기억술 제2비법은 연상결합법을 이용하여 구·절 단위로 기억하는 방법입니다. 학습물의 내용을 구·절 단위로 나눈 후, 구·절에서 인출단서를 가능한 한 한 단어나 압축된 짧은 두세 개의 단어로 정해, 이 단어들을 연상결합법을 이용하여 기억하는 방법입니다.

전 과목 기억술 제1비법은 기초결합법을 이용한 것입니다. 제1방법을 잘 생각하면, 제2방법도 그리 어렵지는 않을 것입니다. 인출단서를 만들면 기억하는 방법이 기초결합법이든 연상결합법이든 큰 차이가 없기 때문입니다. 깊이 심상하는 습관을 길러 초인적인 기억 능력을 나타낼 수 있기를 바랍니다.

전 과목 기억술 제2비법의 처리 순서

1. 심상 4단계의 원리를 생각하여 방법을 선택한다.
2. 학습물의 내용을 구·절로 나눈다.
3. 구·절에서 인출단서를 만든다.
4. 인출단서로 고리식·이야기식 연상결합법을 이용하여 심상작업하여 기억한다.
5. 기억을 재생하여 확인한다.

전 과목 기억술 제2비법	구·절로 나누어 인출단서를 만든다.	고리식·이야기식 연상결합법으로 심상작업하여 기억한다.	기억을 재생하여 확인한다.
방법선택	인출단서	심상작업	기억재생

[심상 4단계의 적용]

수련문제 1 다음 시를 제2방법으로 기억하여 보시오.

원두막

짜랑짜랑 쬐는
햇볕 아래

참외랑 수박 익는
냄새가 난다

밭 가운데 덩그런
원두막 하나

언제나 서늘한
바람이 좋다

멀리 떠가는
구름을 보니

애국가 한 곡조가
절로 나온다

햇볕 : 짜랑짜랑 쬐는 햇볕 아래
참외랑 수박 : 참외랑 수박 익는 냄새가 난다
원두막 : 밭 가운데 덩그런 원두막 하나
바람 : 언제나 서늘한 바람이 좋다
구름 : 멀리 떠가는 구름을 보니
애국가 : 애국가 한 곡조가 절로 나온다

※ 각 행이나 연에서 중요 핵심단어를 먼저 선택한 후, 그 단어를 고리식 연상결합법으로 기억합니다.

선택한 단어 : 햇볕, 참외랑 수박, 원두막, 바람, 구름, 애국가
고리식으로 기억한 후, 세로로 나열합니다.
햇볕 – 참외랑 수박 : 햇볕 밑에 참외랑 수박이 있다.
참외랑 수박 – 원두막 : 참외랑 수박 있는 곳에 원두막이 있다.
원두막 – 바람 : 원두막에 바람이 분다.
바람 – 구름 : 바람이 구름 속에서 나온다.
구름 – 애국가 : 구름이 애국가를 부른다.
이것을 외워 적은 다음 각 단어 옆에 이 단어가 포함된 시를 적습니다.

★ 이제 직접 연습해 보십시오.

가지 않은 길

프로스트 지음 피천득 옮김

노란 숲 속에 길이 두 갈래로 났었습니다.
나는 두 길을 다 가지 못하는 것을 안타깝게 생각하면서,
오랫동안 서서 한 길이 굽어 꺾여 내려간 데까지,
바라다볼 수 있는 데까지 멀리 바라다보았습니다.
그리고, 똑같이 아름다운 다른 길을 택했습니다.
그 길에는 풀이 더 있고 사람이 걸은 자취가 적어,
아마 더 걸어야 될 길이라고 나는 생각했었던 게지요.
그 길을 걸으므로, 그 길도 거의 같아질 것이지만.

그 날 아침 두 길에는
낙엽을 밟은 자취는 없었습니다.
아, 나는 다음 날을 위하여 한 길은 남겨 두었습니다.
길은 길에 연하여 끝없으므로
내가 다시 돌아올 것을 의심하면서….

훗날에 훗날에 나는 어디선가
한숨을 쉬며 이야기할 것입니다.
숲 속에 두 갈래 길이 있었다고,
나는 사람이 적게 간 길을 택하였다고,
그리고 그것 때문에 모든 것이 달라졌다고.

광야(曠野)

이육사(李陸史 1904~1944)

까마득한 날에
하늘이 처음 열리고
어디 닭 우는 소리 들렸으랴.

모든 산맥(山脈)들이
바다를 연모(戀慕)해 휘달릴 때에도
차마 이곳은 범(汎)하던 못하였으리라.

끊임없는 광음(光陰)을
부지런한 계절(季節)이 피어선 지고
큰 강물이 비로소 길을 열었다.

지금 눈 내리고
매화(梅花) 향기(香氣) 홀로 아득하니
내 여기 가난한 노래의 씨를 뿌려라.

다시 천고(千古)의 뒤에
백마(白馬) 타고 오는 초인(超人)이 있어
이 광야(曠野)에서 목놓아 부르게 하리라.

성북동(城北洞) 비둘기

김광섭(金光燮 1905~1977)

성북동 산에 번지가 새로 생기면서
본래 살던 성북동 비둘기만이 번지가 없어졌다.
새벽부터 돌 깨는 산울림에 떨다가
가슴에 금이 갔다.
그래도 성북동 비둘기는
하느님의 광장 같은 새파란 아침 하늘에
성북동 주민에게 축복의 메시지나 전하듯
성북동 하늘을 한 바퀴 휘돈다.

성북동 메마른 골짜기에는
조용히 앉아 콩알 하나 찍어 먹을
널찍한 마당은커녕 가는 데마다
채석장 포성이 메아리쳐서
피난하듯 지붕에 올라앉아
아침 구공탄 굴뚝 연기에서 향수를 느끼다가
산 1번지 채석장에 도루 가서
금방 따낸 돌 온기(溫氣)에 입을 닦는다.

예전에는 사람을 성자(聖者)처럼 보고
사람 가까이서
사람과 같이 사랑하고
사람과 같이 평화를 즐기던
사랑과 평화의 새 비둘기는
이제 산도 잃고 사람도 잃고
사랑과 평화의 사상까지
낳지 못하는 쫓기는 새가 되었다.

추수하는 아가씨

W. 워즈워스 지음 / 황동규 옮김

보게나, 저 밭에서 홀로
곡식 거두며 제 흥에 겨워 노래 부르는
저 외로운 하일랜드 아가씨를.
잠시 여기 서 있거나 조용히 지나가게나.
홀로 이삭 자르고 다발 묶으며
애잔한 노래 부르는 아가씨.
오, 들어 보게나, 깊고 깊은 골짜기에
넘쳐흐르는 저 노랫소리.

아라비아 사막, 어떤 그늘진 쉼터에서
지친 나그네 무리에게
잘 오셨다 노래 부른 나이팅게일 새가
이보다 더 고운 노래 불렀을까?
아주 아주 멀리 헤브리디즈 섬들이 모여 있는 곳
그 바다의 적막을 깨치는
봄날 뻐꾹새 노래가 이 목소리마냥
가슴 죄게 했을까?

이 아가씨 노래에 담긴 이야기 들려 줄 이 있을까?
아마도 오래 전 먼 곳의 슬픈 이야기,
옛날 옛날의 싸움 이야기를
이 서러운 곡조가 담고 있을까?
아니면 오늘날의 사연이 깃들인
좀 더 소박한 노래,
지금까지 있어 온, 앞으로도 있을
일상의 슬픔, 여읨, 괴로움에 대한 노래일까?

담긴 이야기야 어떻든 아가씨는 노래 불렀지,
끝이 없을 듯 오래 오래.
그 여자가 일하며 노래 부르며
허리 굽혀 낫을 쓰는 것을 보았지.
귀 기울였지, 꼼짝 않고 서서.
내가 언덕에 오를 때,
이미 들리지 않은 지 오래건만
그 노래 마음에 들리고 있었지.

전 과목 기억술 제3비법 – 제목의 글자로 기억하기

　　전 과목 기억술 제3비법은 기억법의 고차원 방법이면서도 쉽게 사용할 수 있는 방법입니다. 고차원 방법인데도 앞에서 취급하는 것은 독자 여러분이 흥미를 갖게 하기 위해서입니다.

　　이 과정은 학습물의 내용에서 만들어 낸 인출단서를 형상화하여, 학습물의 제목의 글자 하나 하나에 형상화된 인출단서를 기초결합을 하여 기억하는 방법입니다.

전 과목 기억술 제3비법의 처리 순서

1. 심상 4단계의 원리를 생각하여 방법을 선택한다.
2. 학습물에서 인출단서를 만든다.
3. 인출단서를 제목의 글자에 기초결합으로 심상작업하여 기억한다.
4. 제목만 보고 기억한 내용을 재생시켜 확인한다.

전 과목 기억술 제3비법	학습물의 내용에서 인출단서를 만든다.	인출단서를 제목의 글자와 심상작업하여 기억한다.	제목의 글자를 보고 기억을 재생하여 확인한다.
방법선택	인출단서	심상작업	기억재생

[심상 4단계의 적용]

수련문제 1   국민의 기본적 의무

1. 국방의 의무 – **탱크** : 나라를 지키는 무기
2. 납세의 의무 – **금고** : 세금은 돈, 돈을 넣어두는 금고
3. 재산권 행사에 관한 의무 – **집** : 재산의 상징인 집
4. 교육의 의무 – **선생님** : 가르치시는 선생님
5. 준법의 의무 – **국회, 법원, 경찰청의 깃대** : 깃대가 많다.
6. 근로의 의무 – **근로자** : 근로하는 근로자
7. 환경 보전의 의무 – **나무** : 자연환경보전에서 나무 연상

'국'자에 탱크를, '민'자에 금고를, '의'자에 집을, '기'자에 회초리를 든 선생님을, '본'자에 깃대를, '적'자에 근로자를, '무'자에 나무를 결합시킵니다.

| 6.25때 탱크에 밀려 부산까지 쫓겨 갔던 사실을 생각하며 | 세금을 내면 보관할 금고가 있어야 한다. | 재산 1호가 집이다. | 교육을 시키시는 선생님 | 국회, 법원 정문에 있는 깃대와 국기 | 일하는 근로자 | 자연의 대표는 '나무'이다. |

수련문제 2   수필의 특징

1. 형식이 자유롭다. – 형이 자유롭게 논다.
2. 내용이 제한 없다. – 용이 제한 없이 하늘로 올라간다.
3. 개성, 고백성, 비전문성이다.
   – 개가 성질낸다, 잘못을 고백한다, 비질이 전문이다.
4. 운치와 멋이 있다. – 구름(운)으로 글을 쓰니 멋이 있다.
5. 간결한 산문 형식이다. – 간결하게 쓴 신문지

평형목 위에서 자유롭게 노는 형	용이 하늘로 올라가는 모습	비질이 전문인 청소부가 청소를 안 하고 있자 개가 성질내며 짖으니 잘못했다고 고백한다.	바람이 불고 나니 구름이 '특'자가 되어 멋이 있다.	신문에 간결하게 '징'자만 쓰여 있다.

수련문제 3   좋은 글감의 조건

1. 구체적인 사실이어야 한다. - 구렁이가 사슬 모양
   구렁이   사슬

2. 내용이 다양하고 풍부해야 한다 - 내의에 그려진 다양한 풍선 그림
   내의   다양한 풍선 그림

3. 주제를 밑받침해 주어야 한다. - 재주넘기
   재주   밑에서

4. 독자의 관심을 끌 수 있어야 한다. - 독재자의 관
   독재자   관

5. 생활과 밀접한 관계가 있어야 한다. - 생활 계획표
     생활 계획표

구렁이가 사슬 모양으로 엮어져 있다.	내의에 다양한 풍선 그림이 그려져 있다.	'ㄱ'자 밑에서 'ㄹ'이 재주넘기를 한다.	독재자의 유리관을 구경한다.	원 모양으로 생활 계획표를 만들었다

수련문제 4   지구 구형의 증거

1. 북극성의 고도 : 고위도에서 높다. − 고독한 북극성
2. 월식 때 달에 비친 지구의 그림자 − 월급 받은 날의 외식
3. 마젤란의 세계 일주 − 맞을래? 세계 한 대
4. 바다에서 수평선의 모양 − 수평선
5. 인공위성에서 찍은 지구의 사진 − 인공위성과 지구

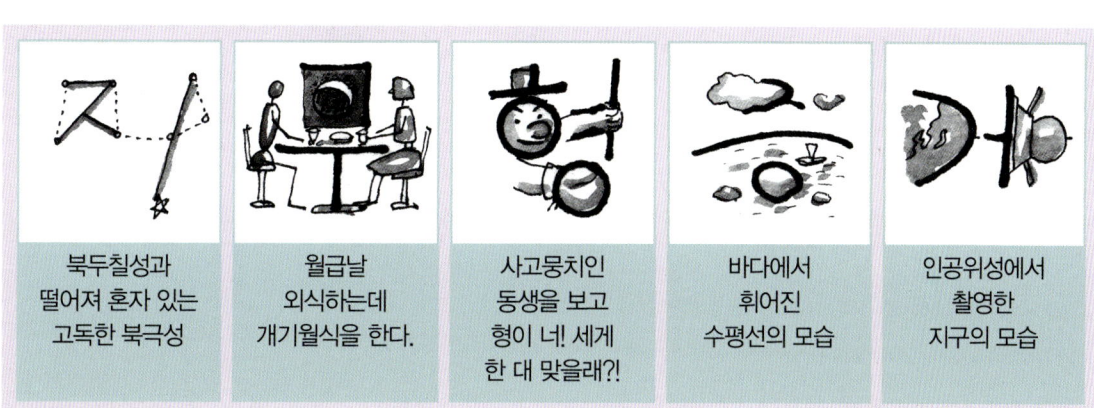

| 북두칠성과 떨어져 혼자 있는 고독한 북극성 | 월급날 외식하는데 개기월식을 한다. | 사고뭉치인 동생을 보고 형이 너! 세계 한 대 맞을래?! | 바다에서 휘어진 수평선의 모습 | 인공위성에서 촬영한 지구의 모습 |

수련문제 5   대통령의 권한

1. 국가 원수로서의 권한
　가. 국정조정권
　나. 비상조치권
　다. 계엄선포권
　라. 헌법기관 구성권
　마. 외교통할권

글자를 기초로 삼는 일은 재미도 있으면서 대단한 심상 능력을 나타내는 일이므로 많은 수련을 해 주기를 바랍니다. 그러면 필기도구를 사용하지 않고 강의를 기록할 수 있는 능력을 보다 빨리 습득할 수 있습니다.

2. 행정부 수반으로서의 권한
　　가. 행정부의 지휘 감독권
　　나. 법령 집행권
　　다. 국군 통수권
　　라. 공무원 임명권
　　마. 대통령령 발포권

수련문제 6 3·1운동의 의의

1. 거족적 독립 투쟁
2. 민족 역량의 과시
3. 독립 결의와 자주 정신의 과시
4. 전 민족적 단일 운동으로 추진

수련문제 7 임시 정부의 조직과 수립 의의

1. 민주 공화제의 정부
2. 우리 민족의 정통성 계승
3. 독립 투쟁의 본산

수련문제 8　태조 왕건의 정책

1. 민생 안정 정책
2. 북진 정책
3. 민족 융합 정책
4. 숭불 정책

수련문제 9　에너지의 종류

1. 전기 에너지
2. 열에너지
3. 화학 에너지
4. 위치 에너지
5. 운동 에너지
6. 빛 에너지

수련문제 10 8조 법금을 통해 본 고조선의 사회 모습

1. 노동력 중요시
2. 사유재산 인정, 농경 사회
3. 계급 사회, 인신 매매, 빈부의 차

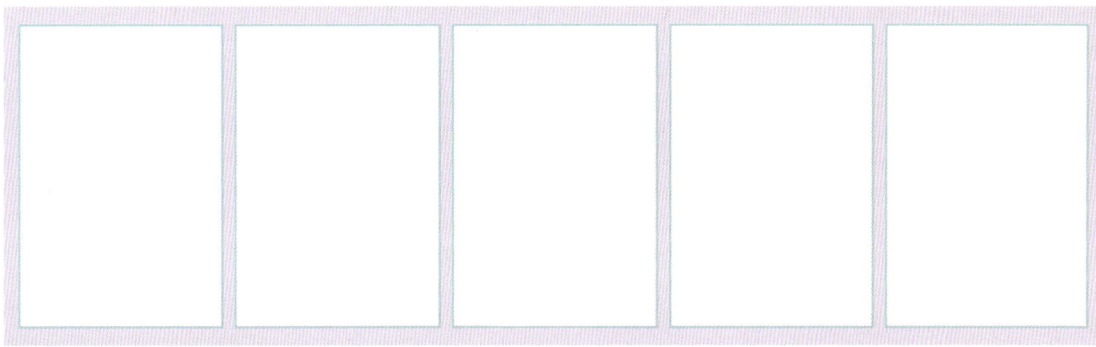

수련문제 11 환경 보전과 대책

1. 범국민적인 자연보호 운동에 적극 참여
2. 일정한 자리에서 쓰레기 처리
3. 생활 폐수, 공장 폐수의 정화
4. 대기 오염 방지 – 공장 연기

수련문제 12 콜레스테롤

1. 지방과 비슷한 성질의 물질
2. 끈끈한 성질 : 심장과 대뇌의 모세혈관을 막기도 한다.
3. 쇠고기, 게, 새우, 달걀의 노른자 속에서 섭취
4. 노년기에 접어든 사람은 함량이 높은 음식을 삼가는 것이 좋다.

수련문제 13 6대 영양소

1. 탄수화물 2. 단백질 3. 지방 4. 물 5. 무기질 6. 비타민

전 과목 기억술 제4비법 – 기초결합법으로 기억하기

잘 정리된 참고서를 기억하고자 한다면 전 과목 기억술 제4방법이 필요합니다. 전 과목 기억술 제4방법은 학습물의 제목에서 기초결합의 환경(특수 기초장)을 만든 후, 학습물의 내용에서 만들어 낸 인출단서를 기초결합법으로 기억하는 방법입니다. 이것은 참고서를 기억하거나 잘 정리된 요점을 기초장에 상관없이, 특수 기초장을 제목에서 만들어 사용하는 방법입니다. 이 방법은 기억법을 활용하는 데 없어서는 안될 방법입니다. 기초결합법에 사용되는 기초장은 한계가 있으므로, 이것저것 기초장을 이용하여 기억하다 보면, 필요한 내용을 위하여 사용되어야 할 기초장의 수가 모자라 사용하기가 어렵게 됩니다. 그러므로 기초장과는 상관없이 필요한 내용을 언제든지 기억하고, 다른 학습물과도 혼선의 여지 없이 항상 그 내용만을 기억할 수 있는 특수 기초장을 만드는 것입니다. 그 특수장을 기억하고자 하는 내용의 제목에서 만들고, 내용에서 만든 인출단서를 특수장에 기초결합법으로 결합하여 기억하는 방법이 전과목 기억술 제4방법입니다.

기억법은 심상 학습에서 발전한 대단한 학습 방법입니다. 인간은 하루에 약 40만 가지 이상의 사실을 오감을 통하여 보고 들으며 느낄 수 있는데, 이것은 특별한 자극을 받지 않으면(관심을 가지지 않으면 = 상상 + 감동) 기억이 되지 않습니다. 그렇다면 40만 가지나 되는, 오감으로 느꼈던 사실들은 어디에 있을까요? 사라졌을까요? 아닙니다. 뇌생리학자들의 주장에 의하면 대뇌만이 인식할 수 있는 부호 상태로 바뀌어, 인간이 잘 느끼지 못하는 잠재의식 속으로 빠져 들어가 어떠한 자극에 의하여 되살아난다고 합니다. 이것이 꿈속에서 나타나기도 하고, 정신세계에서 환상으로 보일 때가 있으며, 특별히 영감으로 표현되어 위대한 예술가를 만들기도 합니다. 인류의 발달은 이와 같은 잠재의식의 영감에 의하여 발달되었다고 해도 과언이 아닐 것입니다. 그러므로 심상 학습의 일맥인 **스타킹 심상학습기억법**은 잠재의식의 무한한 지식과 능력을 이용하여 현실적으로 어려운 학습 방법을 새로운 차원으로 계발시킨 것입니다. 그 동안 기억법을 배운 많은 사람들이 기억법의 기초를 깨닫지 못한 것은 잠재의식의 변화에 맞추어 활용할 수 있도록 지도받지 못한 결과입니다. 전 과목 기억술의 모든 방법은 이런 문제점을 해결하여 객관적으로 누구나 활용할 수 있도록 한 것입니다.

꾸준히 수련하여 원하는 수준까지 이룰 수 있도록 노력해 주십시오. 이해한 것으로는 기억법을 사용할 수 없다는 것을 명심하십시오.

전 과목 기억술 제4비법의 처리 순서
1. 심상 4단계의 원리를 생각하여 방법을 선택한다.
2. 학습물의 제목에서 특수 기초장을 만든다.
3. 학습물의 내용에서 인출단서를 만든다.
4. 특수 기초장에 인출단서를 심상작업하여 기초결합으로 기억한다.
5. 기억을 재생하여 내용이 정확히 기억이 되었는지 확인한다.

전과목 기억술 제4비법	제목에서 특수장을 만들고 내용에서 인출단서를 만든다.	특수장에 인출단서를 기초결합법으로 심상작업하여 기억한다.	기억을 재생하여 확인한다.
방법선택	인출단서	심상작업	기억재생

[심상 4단계의 적용]

루즈벨트의 4가지 자유를 기억해 보기로 하겠습니다.

먼저 제목에서 환경을 만듭니다. 두 번째로 각 항목에서 그 항목을 나타낼 수 있는 인출단서를 만듭니다. 세 번째로 이 인출단서들을 제목에서 만들어 낸 환경에 기초결합시킵니다.

수련문제 1 루즈벨트의 4가지 자유

루즈(화장품), 벨트(허리띠)가 있는 화장대 – 환경(특수장)

1. 신앙의 자유 – 신앙의 상징인 십자가
2. 언론의 자유 – 화장하시는 엄마의 수다
3. 가난으로부터의 자유 – 엄마의 나들이옷
4. 공포로부터의 자유 – 아빠의 큰 소리

인출단서

 루즈라 하면 화장품이 생각나므로 화장품이 있는 화장대를 환경으로 하자.

1. 십자가가 걸려 있는 화장대 앞에서 멋있는 **2.** 나들이옷을 입은 엄마가 화장을 하시는데, 촉박한 시간 중에 급한 엄마는 아이들에게 집안 정리하라고 **3.** 잔소리를 하신다. 이 때, 자가용의 시동을 걸어 놓고 기다리시던 아빠가 올라와 늦었는데 빨리 화장하라고 엄마에게 **4.** 큰소리를 내신다.

| 수련문제 2 | 고대 국가의 특징 : 공원에 있는 정자와 그 일대 |

1. 친족 공동체의 강화 – 공원에 있는 정자
2. 정치 제도의 정비 – 정자 주변을 청소하는 청년
3. 중앙집권의 강화 – 정자 중앙에 앉아 계신 할아버지
4. 불교의 수용 및 율령의 반포 – 초파일에 등을 다는 스님

연상 고대 국가는 고구려 · 신라 · 백제를 말한다. 옛날 건물을 생각하니 기와집이 생각나는데 기와집은 조선시대에 등장한다. 그렇지만 고대국가를 기와집으로 하자. 공원에 있는 정자에 **1.** 친척과 가족이 모였다. – 친족 공동체의 강화 **2.** 정자 주변을 청년이 정비한다. – 정치제도의 정비 **3.** 정자 중앙에는 항렬이 가장 높은 할아버지가 앉아 있는데 모두 거기를 집중해서 보고 있다. – 중앙집권의 강화 **4.** 이날이 초파일이어서 스님(불교)이 방울 모양(방울 령)의 등을 달고 있다 – 불교의 수용 및 율령의 반포

★ 그림으로 그려보고 내용을 적어보세요.

수련문제 3 　 우리나라 섬유 공업 지역

1. 면직 공업 – 서울, 평양, 부산, 인천
2. 모직 공업 – 서울, 전주, 부산, 대구
3. 견직 공업 – 원주, 춘천, 상주, 전주
4. 화학 섬유 공업 – 나일론, 폴리에스텔

이와 같이 기억해야 할 것이 많을 때는, 먼저 소제목을 인출단서를 만들어 심상작업하여 기억한 후, 나머지 내용도 인출단서를 만들어 심상작업하여 기억한다. 여기에서 만들어진 특수 기초장을 소제목의 수만큼 부위를 분류한다. 그리고 분류한 부위에 학습물의 인출단서를 기초결합하여 기억한다.

'섬유공업' 하면 '옷'이 떠오르고, '옷'하면 옷을 가장 많이 입는 '겨울'이 떠오른다. '겨울'하면 겨울에 유명한 사람인 '산타클로스 할아버지'가 떠오르므로, 겨울에 두터운 옷으로 섬유를 가장 많이 사용하는 산타클로스 할아버지를 환경으로 한다.

1. 면직 공업 – 면에서 '면상'을 연상한다.
2. 모직 공업 – 모에서 '못'을 연상하여 못 잡는 '손'을 연상한다.
3. 견직 공업 – 남의 집 들어갈 때 개(견)를 견제하고, 추위도 견제해야 하므로 두터운 '상의'를 연상한다.
4. 화학 섬유 공업 – 방귀는 우리 몸의 화학 작용, 그러므로 튼튼한 '바지'를 연상한다.
　도시 이름은 그 도시의 특산물이나 특정한 인물 등으로, 변환하여 기억하고 생각이 안 날 때는 연상하여 형태를 만듭니다.
　서울 – 대통령, 평양 – 김정은, 부산 – 배, 인천 – 비행기
　서울 – 대통령, 전주 – 비빔밥, 부산 – 배, 대구 – 대구(탕)
　원주 – 원숭이, 춘천 – 막국수, 상주 – 상추, 전주 – 비빔밥
　나일론 – 화학 작용에도 견디는 튼튼한 나일론 바지
　폴리에스텔 – 폴리 : 폴리스(경찰), 에 : 애(아이), 스텔 : 파스텔

1. 면상(얼굴) : 중앙인 코 – 대통령, 입 – 김정은
   왼쪽 눈썹 – 배, 오른쪽 눈썹 – 비행기
2. 손 : 오른손 – 비빔밥 먹는 대통령
   왼손 – 착한 아이에게 줄 대구잡이 배
3. 상의(윗도리) : 주머니에 막국수 먹는 원숭이
   단추에 상추(일 마치고 상추해서 비빔밥 먹자)
   배에 비빔밥 찌꺼기(밥을 흘렸는데 배에 걸림)
4. 바지 : 방귀의 압력에도 잘 견디는 나일론
   폴리스(경찰)가 산타할아버지가 신은 장화를 보고 경찰 장화와 같은 색깔이어서 애들이 놀란다고 파스텔로 빨갛게 칠해 주었다.

★ 그림으로 그려보고 내용을 적어보세요.

수련문제 4 생식 방법 – 자손 번식을 의미하므로 임산부로 생각하겠습니다.

1. 출아법 – 히드라, 효모, 갯지렁이, 산호
2. 분열법 – 유글레나, 짚신벌레, 세균, 단세포 식물, 아메바, 말미잘
3. 포자법 – 녹조식물, 갈조식물, 홍조식물, 균류, 선태식물, 양치식물
4. 단위 생식 – 유생 생식, 동정 생식, 처녀 생식
5. 접합 생식 – 해캄, 짚신벌레
6. 영양 생식 – 꺾꽂이(개나리), 휘묻이(고구마), 접붙이기(감나무), 포기나누기(감자)
7. 양성 생식 – 종의 분화가 가장 많은 생식 방법

수련문제 5   지방의 특징 – 돼지로 생각합니다.

1. 생체의 내부 기관을 보호 – 돼지의 귀
2. 지용성 비타민의 흡수와 운반 – 돼지의 입
      비탈길   입   혀
3. 1g에 9kcal의 에너지 발생 – 일그러진 돼지의 얼굴
    일그러진 얼굴 9킬로미터 칼   9km+칼 든 도살꾼

연상 돼지의 귀는 귀 내부의 기관을 보호한다. 돼지가 입을 벌리고 혀를 날름거리며 비탈길을 올라간다. 겁에 질려 일그러진 돼지의 얼굴을 보며, 9km를 쫓아오는 칼 든 도살꾼이 너무해 보인다.

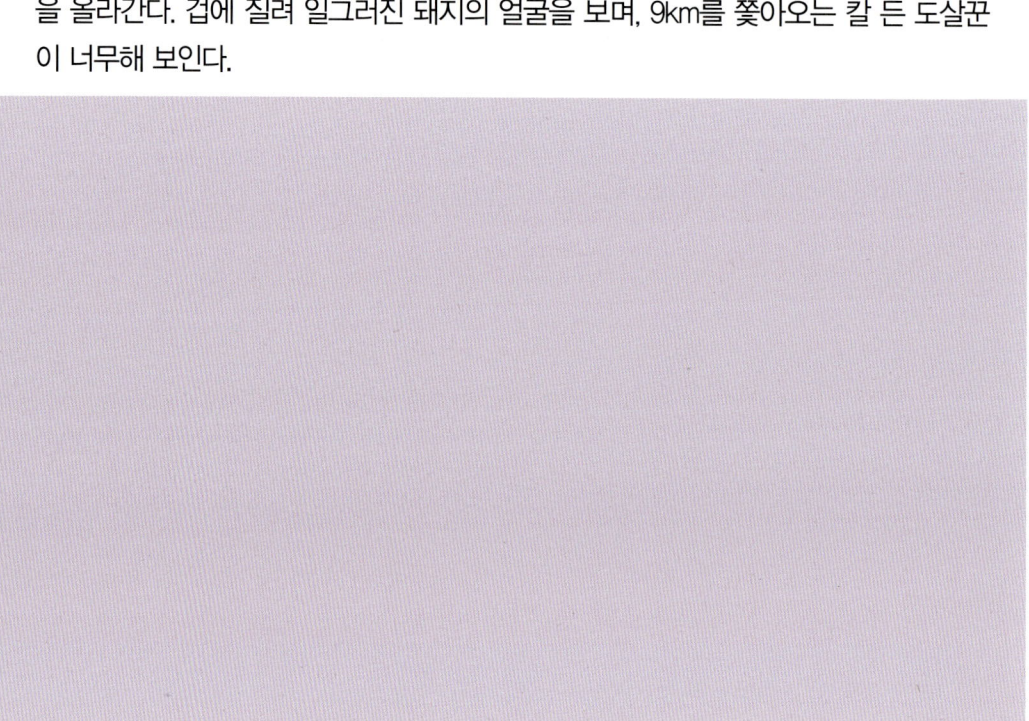

수련문제 6 칼슘(Ca)의 특징 – 본인이 생각하는 대로 정합니다.

1. 뼈와 이를 구성
2. 근육의 수축
3. 피의 응고
4. 우유, 아이스크림, 치즈, 멸치, 뱅어, 양미리, 통조림

전 과목 기억술 제5비법 – 연상결합법으로 기억하기

그 동안 공부하였던 전 과목 기억술이 대체로 기초결합법을 활용한 것이면, 전 과목 기억술 제5방법은 연상결합법을 활용한 것입니다.

전 과목 기억술 제5비법은 학습물의 제목과 내용에서 만든 인출단서를 연상결합법으로 기억하는 방법입니다. '고리식 연상결합법'보다는 '이야기식 연상결합법'을 사용하는 것이 좋습니다.

전 과목 기억술에서는 흔히 알고 있는, 다시 말하면 반복해서 기억하는 학습 방법과 '태정태세 문단세…'와 같이 머리글자를 이용하여 기억하는 일반적인 방법은 지양하고 있습니다. 고단계 기억 학습 방법이자, 스타킹 심상학습기억법의 정수인 전 과목 기억술을 모두 터득한다면, 여러분과 비교할 만한 사람은 세상에서 그리 흔치 않을 것입니다. 충실히 수련하여 모든 사람에게 귀감이 되는 천재가 되기를 바랍니다.

전 과목 기억술 제5비법의 처리 순서

1. 심상 4단계의 원리를 생각하여 방법을 선택한다.
2. 학습물의 제목과 내용에서 인출단서를 만든다.
3. 인출단서를 심상작업하여 이야기식으로 연상결합시킨다.
4. 기억을 재생하여 학습물이 기억이 되었는지 확인한다.

전과목 기억술 제5비법	문장의 제목과 내용에서 인출단서를 만듦	인출단서로 연상 결합시킴	상상하여 내용을 재생
방법선택	인출단서	심상작업	기억재생

[심상 4단계의 적용]

수련문제 1 국민의 4대 의무 – 나(자기 자신)

1. 교육의 의무 – 학교
2. 국방의 의무 – 군대
3. 근로의 의무 – 사업
4. 납세의 의무 – 세금

 나는 학교를 졸업하고, 군대를 다녀와서 사업을 하여 돈을 벌어 세금을 많이 냈다.

수련문제 2 생활과 관련이 깊은 글

1. 일기 2. 편지 3. 보고문 4. 설명문 5. 기행문
   생활일기   편지   보고   설명   기행문

 내가 생활 일기를 쓰는 이유는 편지를 보고, 기행문에 대한 설명을 하기 위해서이다.

수련문제 3 시의 내용적 요소 – 시내

1. 소재 – 소
2. 재제 ┐
3. 주제 ┘ ▶ 재주
4. 심상 – 심상치 않다

 시내 속에서 소가 재주를 부리는 것이 심상치 않다.

수련문제 4 시의 형식적 요소 – 시험

1. 시어 – 쉬어라
2. 시행 – 시행 착오
3. 연 – 연속
4. 운율 – 울지 말라

 시험에서 연속으로 시행 착오를 일으켰다고 울지 말고 쉬어라.

수련문제 5 생물의 분류의 단계

계 – 문(아문) – 강(아강) – 목(아목) – 과(아과) – 속(아속) – 종

 마음에 드는 것으로 선택하세요.

1. 생나무로 만든 문이라도 계속해서 문을 강하게 닫으면 목(나무)과 나무 속이 종이처럼 부서진다.
2. 생물 중에 개과에 속하는 불독이 무는 것은 개가 문 것치고는 힘이 강해서 목을 과하게 속이 터져라 외쳐도 좀처럼 놓아주지 않는다.
3. 개문을 각목과 속종이로 만들었다.

수련문제 6   구석기 시대의 유적지 – 그릇을 굽는 장소

1. 웅기군 굴포리 – 옹기를 굽는 굴뚝에서 포실포실 연기가 난다.
2. 상원군 검은모루 – 상 위에 검은 노루
3. 공주군 석장리 – 공주가 담근 돌간장
4. 제원군 점말동굴 – 제 소원, 점박이 말
5. 단양 수양개 – 달콤한 양고기, 숫양, 개
6. 청원군 두루봉동굴 – 구원 요청한 원군, 두루두루 봉우리
7. 연천 전곡리 – 옅은 개천, 승리의 전주곡

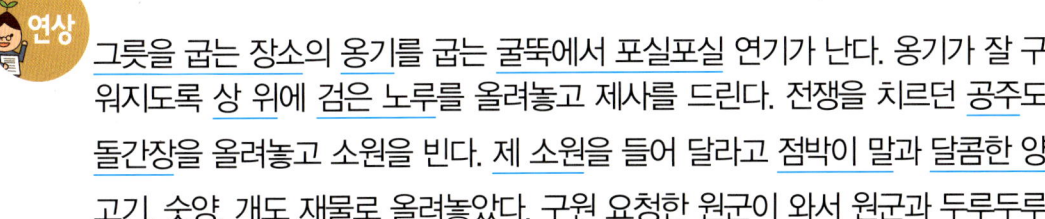 그릇을 굽는 장소의 옹기를 굽는 굴뚝에서 포실포실 연기가 난다. 옹기가 잘 구워지도록 상 위에 검은 노루를 올려놓고 제사를 드린다. 전쟁을 치르던 공주도 돌간장을 올려놓고 소원을 빈다. 제 소원을 들어 달라고 점박이 말과 달콤한 양고기, 숫양, 개도 재물로 올려놓았다. 구원 요청한 원군이 와서 원군과 두루두루 봉우리를 살핀다. 이 때, 옅은 개천의 물소리가 승리의 전주곡처럼 들린다.

★ 그림으로 그려보고 내용을 적어보세요.

수련문제 7   신석기 시대의 유적지 – 자신이 직접 연상하여 그려 보세요.

1. 평북 의주 미송리
2. 강원 양양 오산리
3. 서울 암사동
4. 부산 동삼동

수련문제 8   영조의 업적 – 자신이 직접 해보세요.

1. 탕평책 실시
2. 형벌의 개량
3. 신문고 제도 부활
4. 활자의 개량
5. 서적 편찬

수련문제 9 아스코르브산(비타민C) – 아이스크림을 코에 붓다니! 빌어먹을 씨!(실례되는 표현입니다)

1. 결합 조직의 활성화 – 조직과 결합
2. 모세혈관의 강화 – 모세혈관이 강화되다.
3. 철의 흡수 – 철의 조직에 흡수
4. 탄수화물, 단백질, 지방의 대사에 관여 – 연탄 화물차로 담배를 피우며, 지방에 내려가 대사(大事)를 했다.
5. 세균에 대한 저항력 강화 – 세균과 같은 나쁜 일에 저항력이 생김

 철의 조직이라 불리는 깡패 조직에 숨어 들어간 경찰 이야기

조직의 일원이 되는 시험으로 아이스크림을 코에 붓다니! 빌어먹을 씨! 그렇지만 내 모세혈관이 튼튼해졌다. 철의 조직에 흡수되어 연탄 화물차를 타고 담배를 피우면서 지방에 내려가 철의 조직을 일망타진하는 대사를 이루었다. 이 일로 세균과 같은 나쁜 일에 저항력이 생겼다.

전 과목 기억술 제6비법 – 기초연상결합법으로 기억하기

전 과목 기억술 제6비법은 전 과목 기억술 제 4, 5과정을 함께 사용하는 방법으로서 **스타킹 심상학습기억**법을 폭넓게 사용할 수 있는 방법입니다.

우리가 학습하는 모든 내용은 기초결합법이나 연상결합법으로 처리하여 기억할 수 있습니다. 그러나 이렇게 한 가지로 기억하는 것은 효율적이 되지 못하므로, 두 가지 방법을 다 적용하는 것이 학습물을 기억하는데 용이합니다.

전 과목 기억술 제6방법은 학습물의 제목에서 특수 기초장을 만들고, 그 특수 기초장을 나누어 소제목의 수만큼 기초의 위치를 정한 후, 소제목에서도 인출단서를 만들어 특수 기초장의 각 위치에 기초결합을 시킵니다. 그리고 각 소항목에 나열된 내용들은 인출단서를 만들어 연상결합법으로 심상작업하여 기억합니다.

전 과목 기억술 제6비법의 처리 순서

1. 심상 4단계의 원리를 생각하고 방법을 선택한다.
2. 학습물의 제목에서 특수장을 만든다.
3. 학습물의 소제목에서 인출단서를 만든다.
4. 소제목의 인출단서를 특수장에 기초결합시킨다.
5. 소제목에 나열된 내용에서 인출단서를 만든다.
6. 나열된 내용의 인출단서를 소제목에 연상결합법을 심상작업하여 기억한다.
7. 기억을 재생하여 기억이 되었는지 확인한다.

전과목 기억술 제6비법	제목–특수장 소제목·내용에서 인출단서 만듦	특수장에 소제목 기초결합법, 소제목과 인출단서 연상결합법으로 심상작업 기억	기억을 재생학여 확인한다
방법선택	인출단서	심상작업	기억재생

[심상 4단계의 적용]

전 과목을 적용시키기에 가장 적절한 방법이므로 열심히 수련하기 바랍니다.

수련문제 1   식물계 – 특수장 : 나무

1. 규조식물 : 식물성 플랑크톤
2. 접합조식물 : 접합과 분열로 번식
3. 녹조식물 : 엽록소a, 엽록소b, 유주자, 파래, 청각, 청태 등
4. 갈조식물 : 엽록소a, 엽록소c, 미역, 다시마, 톳, 모자반 등
5. 홍조식물 : 엽록소a, 엽록소d, 홍조소, 남조소, 김 등
6. 차축조식물 : 쇠뜨기말
7. 진균식물 : 기생식물
8. 선태식물 : 선류 – 솔이끼, 태류 – 우산이끼 배우체
9. 양치식물 : 포자체
10. 종자식물 : 꽃식물

 먼저 제목에서 기초로 할 수 있는 특수장을 만든다.
식물계 – '나무'를 '특수장'으로 하여 소제목을 기초결합법으로 기억한다.

1. 뿌리의 구조를 연상한다 – 규조식물
2. 땅과 뿌리가 접합되어 있다 – 접합조식물
3. 나무 밑둥에 풀이 자라고 있다. 풀의 색깔은 녹색이다 – 녹조식물
4. 나무의 색깔은 갈색이다 – 갈조식물
5. 나무껍데기를 살짝 벗겨보면 홍색이다 – 홍조식물
6. 차가 부딪쳐 나무가 축소되어 있다 – 차축조식물
7. 상처가 난 곳에 진물이 나고, 균이 붙어 있다 – 진균식물
8. 태양(sun)이 비쳐서 나무색이 바래졌는데, 그 곳에 이끼가 자란다 – 선류 : 솔이끼, 태양을 싫어하는 배우자가 나무 뒤에서 우산을 쓰고 있다 – 태류 : 우산이끼 배우체
9. 양칫물을 나무에다 뱉었다 – 양치식물
10. 종자 맺는 열매가 열렸다 – 종자식물

각 항목들을 연상결합법으로 연상하여 기억한다.

① 뿌리에 플랑크톤이 달려 있다.
　　　　식물성 플랑크톤

② 땅과 뿌리가 접합되어 있고, 뿌리는 여러 갈래로 분열되어 있다.
　　　　　　　　접합과 분열로 번식한다.

③ 아버지와 아들이 야외로 나들이를 나왔다. 나무 밑동 풀밭 위에 텐트를 치고 지낸다. 아버지가 주전자에 파래를 가득 담아 풀밭 위에 놓았다. 그래서 뚜껑을
　　엽록소a와 엽록소b(애비) · 유주자 · 파래

닫을 때 뚜껑 닫는 소리가 들리지 않는다. 청각장애가 있나? 할 정도로 소리가
　　　　　　　　　　　　　　　　　청각

나지 않았다. 뚜껑 주변에는 동그랗게 청태가 만들어져 있었다.
　　　　　　　　　　　　　　청태

④ 아들은 아버지가 아들이 좋아하는 미역을 가지고 오지 않았다고 "에이씨" 하며
　　　　　　　　　　　　　미역　　　　　　　　엽록소a와 엽록소c

불평을 한다. 그래서 아버지는 급히 마을에 내려가 미역을 사와 나무에 묶고, 먹고 싶을 때 다시다를 '톡! 톡!' 쳐가며 모자에 담아 먹는다.
　　　　　다시마　　톳　　　　모자반

⑤ 남자 아이들이 나무에 뚫린 붉은 구멍 속에 김을 집어넣고, 이 사실을 잘 모르는
　남조소 · 엽록소a와 엽록소d　홍조소　　김

다른 아이들에게 "누가 용기가 좋은지 저 구멍 속에 손을 넣어 그 속에 있는 것을 꺼내 보아라." 하며 담력 시합을 벌인다.

⑥ 나무가 차에 받혀 움푹 들어가게 축소된 것을 보고, 소하고 말이 눈을 부릅뜨고
　　　　　차축조식물　　　　　　　　　　쇠뜨기말

서로 "네가 그랬다"고 싸운다.
"네가 뿔로 받아 그랬지?" "아냐! 네가 발로 차서 저렇게 됐을 거야."

⑦ 상처가 난 나무 주변에 진물이 나고, 그 위에 세균이 붙어 기생하고 산다.
　　　　　　　　　　진균식물　　　　　　　　　기생식물

⑧ 나무는 소나무인데, 나무 틈에 태양(sun)이 비치는데도 이끼가 자라고 있다.
　　　　　　　　　선류 – 솔이끼

태양 빛이 강하고 뜨거워 나무의 색이 바랬는데, 나무 뒤에는 우산으로 가린 두 배우자가 있다.
　　　　　　　　　　　　　　　태류 – 우산이끼 배우체

⑨ 아들은 아침에 양치를 하고 나무에 양칫물을 뱉는다. 양칫물에는 포도씨가 섞여 있다.
　　　　　　　　　　　　　　　　　　　　양치식물　　포자체

⑩ 나무에는 꽃과 열매가 매달려 있다.
　　　종자식물 – 꽃식물

수련문제 2　식물의 계통 분류 2 – 직접 해보세요.

```
종속영양식물 ┬ 1. 조균식물 : 털곰팡이, 물곰팡이
             └ 2. 진균식물 : 효모, 누룩곰팡이, 버섯
공생식물 ──── 3. 지의식물 : 꽃이끼, 매화나무이끼, 석이
독립영양식물 ┬ 4. 홍조식물 : 우뭇가사리, 김, 해인초
             ├ 5. 규조식물 : 뿔돌말, 실패돌말, 별돌말
             ├ 6. 갈조식물 : 미역, 다시마, 모자반, 톳
             ├ 7. 녹조식물 : 장구말, 해캄, 파래, 청각
             ├ 8. 차축조식물 : 쇠뜨기말, 플라스크말
             ├ 9. 양치식물 : 쇠뜨기, 부처손, 고사리
             └ 10. 종자식물 : 소철, 국화, 은행나무, 목련
```

수련문제 3 식물의 생활형 – 직접 해보세요.

1. 지상 식물 : 겨울눈이 지표면에서 30cm 이상에 위치 _ 플라타너스, 진달래, 벚나무
2. 지표 식물 : 겨울눈이 지표에서 30cm 이내에 위치 _ 사철쑥, 국화, 토끼풀
3. 반지중 식물 : 겨울눈이 지표에 접함 _ 민들레, 질경이, 민들레꽃
4. 지중 식물 : 겨울눈이 땅 속에 위치 _ 백합, 튤립, 산나리
5. 수생 식물 : 겨울눈이 물속이나 물밑의 땅에 위치 _ 수련, 마름, 검정말

수련문제 4 동물의 계통 분류 – 호랑이나 사자로 생각해 보세요.

먼저 소제목을 외워 보세요.

1. 중생동물 : 이배충 – 호랑이 코 위에 중이 앉아 있다.
2. 해면동물 : 해로동혈, 화산해면, 바다수세미 – 호랑이 이마는 해면(바다수면)처럼 넓다.
3. 강장동물 : 히드라, 해파리, 산호, 말미잘 – 호랑이 뒷덜미를 잡았다. 강심장이다.
4. 편형동물 : 플라나리아, 촌충, 디스토마 – 호랑이 등은 평평하다.
5. 선형동물 : 회충, 요충, 십이지장충 – 호랑이 엉덩이는 선형이다.
6. 윤형동물 : 윤충 – 호랑이 꼬리는 반짝반짝 윤이 난다.
7. 환형동물 : 지렁이, 갯지렁이, 거머리 – 호랑이 꼬리 끝을 동그랗게(환형) 만들었다.

8. 연체동물 : 소라, 달팽이, 오징어, 조개 – 호랑이 아랫배는 연체동물처럼 말랑말랑하다.

9. 절지동물 : 새우, 게, 거미, 파리, 모기 – 호랑이 젖꼭지를 보고 '절지'.

10. 모악동물 : 화살모기 – 호랑이 목을 잡았더니 '악!' 소리가 난다.

11. 극피동물 : 보라성게, 해삼, 불가사리, 바다나리 – 호랑이 수염 끝에 피가 조금 묻어 있다.

12. 원색동물 : 우렁쉥이, 창고기 – 호랑이 입 안은 빨간 원색이다.

13. 척추동물 : 상어, 개구리, 뱀, 닭 – 호랑이는 동물의 척추를 문다.

전 과목 기억술 제7비법 – 토씨 하나 빼놓지 않고 기억하기

　전 과목 기억술 제7비법은 학습물의 내용을 토씨 하나 빼놓지 않고 기억할 수 있는 방법입니다. 이것은 일정한 내용을 짧은 시간 동안에 빨리 기억하고자 할 때 적절히 사용할 수 있도록 한 것인데, 필자도 많은 성과를 보고 있는 방법입니다.

　전 과목 기억술 제7비법은 전 과목 기억술 제1방법을 간소화한 것으로, 많이 숙련된 사람만이 손쉽게 사용할 수 있는 고단계 기억법 방법 중에 하나입니다. '이해했다'는 것과 '할 수 있다'는 것과 '손쉽게 사용한다'는 것은 실제로 큰 실력 차이를 내포하고 있습니다. 여러분은 '손쉽게 사용할 수 있다'는 자부심이 들 때까지 연습을 게을리 하지 마십시오.

　전 과목 기억술 제7비법은 먼저 문장의 단어 하나하나에 번호를 붙이고, 이것을 기초결합법으로 기억하는 방법입니다.

　이 방법은 무척 간단한 방법이나 실제로는 숙련되어야만 사용할 수 있는 방법입니다. 그것은 1초에 단어 1개를 기억할 수 있어야 하기 때문입니다. 학습물의 단어를 하나하나 기억하려면 그 단어를 대부분 추상적인 단어로 인식할 수밖에 없습니다. 이와 같이, 1초에 1단어를 그 뜻에 관계없이 기억하려면, 뛰어난 연상 능력이 없으면 도저히 불가능한 일임을 알아야 합니다. 그러나 지금까지의 앞의 내용을 충실히 숙련하여 왔다면 이 제7방법은 우리의 속담처럼 '누워서 떡 먹기' 식이 될 것입니다. 어찌 보면 그리 어렵지 않은 과정입니다. 그러므로 열심히 수련하여 좋은 결과를 얻으시길 바랍니다.

　전 과목 기억술 제7비법은 먼저 기억하고자 하는 문장의 단어 하나하나에 번호를 붙이고, 기초장에 기초 결합시켜 기억하는 방법입니다. 단어가 명사로만 되어 있지 않으므로, 단어의 조사나 어미 등을 기억하기 어렵습니다. 그러므로 항상 해 왔던 것처럼, 쉽게 잊어버리기 쉬운 것에 인출단서를 만들어 강조해야만 합니다.

전 과목 기억술 제7비법의 처리 순서

1. 심상 4단계의 원리를 생각하고 방법을 선택한다.
2. 문장의 각 단어에 번호를 붙인다.
3. 이 단어에서 필요에 따라 인출단서를 만든다.
4. 문장의 각 단어나 인출단서를 기초장에 심상작업하여 기초 결합시킨다.
5. 기초장을 상상하며 기억재생하여 확인한다.

전과목 기억술 제7비법	학습물의 각 단어에 번호를 붙여 인출단서를 만든다.	인출단서를 기초결합법으로 심상작업하여 기억한다.	기억을 재생하여 확인한다.
방법선택	인출단서	심상작업	기억재생

[심상 4단계의 적용]

수련문제 1

구약 성경 시편 1편

복
1 : 전면 간판에 복주머니가 달려 있다

있는
2 : 돌출 간판에 이와 눈이 붙어 있다.

사람은
3 : 손수레를 은으로 만든 사람이 끌고 간다.

악인의
4 : 악인이 입는 옷(의)은 검정색인데 검은 옷이 현관문 앞에 깔려 있다.

꾀를
5 : 깨가 매표소에서 흔들리며 '를'자 모양으로 쏟아진다.

좇지
6 : 쪽지가 대기대에 잔뜩 붙어 있다.

아니하며
7 : 전화박스 위에서 고개를 아니아니하며 흔들며 테크노 댄스를 춘다.

★위와 같은 방법으로 기억해 보세요.
복 있는 사람은 악인의 꾀를 좇지 아니하며 죄인의 길에 서지 아니하며
1 2   3   4   5   6   7   8   9   10   11

오만한 자의 자리에 앉지 아니하고
 12   13   14   15   16

오직 여호와의 율법을 즐거워하여 그 율법을 주야로 묵상하는 자로다
17   18   19   20   21 22   23   24   25

저는 시냇가에 심은 나무가 시절을 좇아 과실을 맺으며 그 잎사귀가
26   27   28   29   30   31   32   33 34 35

마르지 아니함 같으니 그 행사가 다 형통하리로다
 36   37   38 39 40 41   42

악인은 그렇지 않음이여 오직 바람에 나는 겨와 같도다
 43   44   45   46   47   48 49 50

그러므로 악인이 심판을 견디지 못하며 죄인이 의인의 회중에 들지 못
 51   52   53   54   55   56   57   58 59

하리로다
 60

대저 의인의 길은 여호와께서 인정하시나 악인의 길은 망하리로다
 61 62 63   64   65   66 67   68

★일반 내용도 연습해 보세요.

수련문제 2 – 아래 내용도 같은 방법으로 외워 보세요.

　전 과목 기억술 제7방법은 학습물의 내용을 토씨 하나 빼놓지 않고 기억할 수 있는 방법입니다. 이것은 일정한 내용을 짧은 시간 동안에 빨리 기억하고자 할 때 적절히 사용할 수 있도록 한 것인데, 필자도 많은 성과를 보고 있는 방법입니다.

　전 과목 기억술 제7방법은 전 과목 기억술 제1방법을 간소화한 것으로, 많이 숙련된 사람만이 손쉽게 사용할 수 있는 고단계 기억법 방법 중에 하나입니다. '이해했다'는 것과 '할 수 있다'는 것과 '손쉽게 사용한다'는 것은 실제로 큰 실력 차이를 내포하고 있습니다. 여러분은 '손쉽게 사용할 수 있다'는 자부심이 들 때까지 연습을 게을리 하지 마십시오.

　전 과목 기억술 제7방법은 먼저 문장의 단어 하나 하나에 번호를 붙이고, 이것을 기초결합법으로 기억하는 방법입니다.

위의 내용을 가리고 적어보세요.

전 과목 기억술 제8비법 – 심상술을 이용하여 기억하기

　전 과목 기억술 제8비법은 학습물의 내용을 조화 있게 상상하여, 영화 보듯이 화면의 영상에 감각을 인위적으로 삽입시켜 기억하는 방법입니다. 쉬울 듯하면서도 어렵습니다. 감각을 인위적으로 삽입한다는 것은 실제적인 느낌으로 상상하는 것인데, 상상하는 사람이 문장 내용의 주인공이 되어 현실감 있게 기억하는 것입니다. 한두 번의 연습으로 해결할 문제가 아니므로 많은 수련을 해야 합니다. 주의할 것은 순서적으로 연상해야 처음부터 끝까지 기억할 수 있다는 것과 가능한 한 한 장면으로 해야 한다는 것입니다. 한 장면으로 해야 전체적인 내용을 한 번에 알 수 있기 때문입니다. 그러나 문장의 내용이 길거나 기행문의 경우는 한 장면에 다 담을 수 없으므로, 형편에 따라 여러 장면으로 나누어 기억해야 할 것입니다.

　전 과목 기억술 제8비법은 기억법의 최고 수준 과정입니다. 상상만으로 내용을 모두 기억할 수 있다는 것은 매우 어려운 일입니다. 이 과정은 감각도흔술(감각에 칼자국을 내듯이 상상으로 감각을 느끼는 강력한 상상 기법)과 외연상술(경험하였던 모든 사실을 근거로 상상 세계를 현실적으로 느끼는 초집중 상상 기법)을 결합한 것으로 사실상 기억 능력을 최고로 끌어올릴 수 있는 심리적 기억 비법입니다. 감각도흔술과 외연상슬은 이해하지 못하는 분들이 많아 구체적으로 설명하지는 않겠습니다. 다만 실제적으로 수련할 수 있도록 하여 감각도흔술과 외연상술을 익힐 수 있도록 하겠습니다.

전 과목 기억술 제8비법의 처리 순서
1. 심상 4단계의 원리를 생각하고 방법을 선택한다.
2. 학습물의 내용을 파악한 후, 인출단서를 만든다
3. 심상작업으로 내용에 따라 위치장을 만든다.
4. 학습 내용을 심상작업으로 만든 위치장에 기초 결합하여 기억한다.

5. 조화가 이루어지도록 해야 한다. 실제로 있었던 경험을 최대로 살려 감각과 감정을 느끼면서 순서대로 기초결합시켜 나가야 한다.

6. 순서대로 내용을 재생하여 확실히 기억되었는지 확인한다.

7. 만약 상상이 되지 않을 때는 그림을 그려 기억한다. 처음부터 성공하기가 어려운 최고 단계 기억 비법이므로 그림으로 표현해 가면서 기억하는 것이 좋다.

전과목 기억술 제8비법	상상으로 순서를 정하여 위치장을 만들고 학습물에서 인출 단서를 만든다.	심상작업으로 조화 있게 기초결합시킨다.	기억을 재생하여 확인한다.
방법선택	인출단서	심상작업	기억재생

[심상 4단계의 적용]

다음은 노천명 시인의 사슴입니다. 이 '사슴' 시를 가지고 문장 기억법 제3과정을 설명하겠습니다.

사슴

노천명

1. 모가지가 길어서 슬픈 짐승이여
2. 언제나 점잖은 편 말이 없구나
3. 관이 향기로운 너는
4. 무척 높은 족속이었나 보다
5. 물 아래 제 그림자를 들여다보고
6. 잃었던 전설을 생각해 내고는
7. 어찌할 수 없는 향수에
8. 슬픈 모가지를 하고 먼 데 산을 바라본다

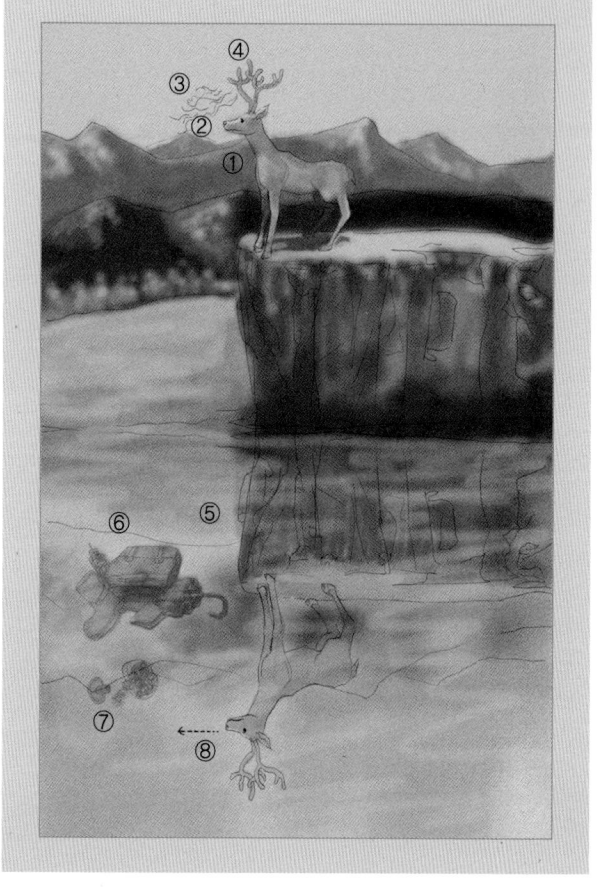

① 모가지가 길어서 슬픈 짐승이여 – 연약한 사슴의 목을 보고
② 언제나 점잖은 편 말이 없구나 – 꽉 다문 입을 보면서
③ 관이 향기로운 너는 – 뿔에서 향기가 난
④ 무척 높은 족속이었나 보다 – 절벽 위의 사슴의 뿔 끝을 보고
⑤ 물 아래 제 그림자를 들여다보고 – 호수에 비친 절벽 그림자를 보고
⑥ 잃었던 전설을 생각해 내고는 – 물속에 잃어버린 물건이 쌓여 있는 것을 보고
⑦ 어찌할 수 없는 향수에 – 물속에서는 향수병에서 흘러나오는 향수가 소용이 없다.
⑧ 슬픈 모가지를 하고 먼 데 산을 바라본다 – 먼 산을 바라보는 사슴

원두막

짜랑짜랑 쬐는
햇볕 아래

참외랑 수박 익는
냄새가 난다

밭 가운데 덩그런
원두막 하나

언제나 서늘한
바람이 좋다

멀리 떠가는
구름을 보니

애국가 한 곡조가
절로 나온다.

가는 길

김소월

그립다
말을 할까
하니 그리워

그냥 갈까
그래도
다시 더 한 번

저 산에도 까마귀, 들에 까마귀
서산에는 해 진다고
지저귑니다.

앞 강물 뒷 강물
흐르는 물은
어서 따라 오라고 따라 가자고
흘러도 연달아 흐릅디다려.

진달래꽃

김소월

나 보기가 역겨워
가실 때에는
말없이 고이 보내 드리오리다.

영변에 약산
진달래꽃
아름 따다 가실 길에 뿌리오리다.

가시는 걸음걸음
놓인 그 꽃을
사뿐히 즈려 밟고 가시옵소서.

나 보기가 역겨워
가실 때에는
죽어도 아니 눈물 흘리오리다.

나그네

박목월

강나루 건너서
밀밭 길을

구름에 달 가듯이
가는 나그네.

길은 외줄기
남도 삼백리.

술 익는 마을마다
타는 저녁놀.

구름에 달 가듯이
가는 나그네.

윤사월

박목월

송홧가루 날리는
외딴 봉우리

윤사월 해 길다
꾀꼬리 울면.

산지기 외딴 섬
눈먼 처녀사

문설주에 귀 대이고
엿듣고 있다.

청노루

박목월

머언 산 청운산
낡은 기와집

산은 자하산
봄눈 녹으면

느릅나무
속잎 피어 가는 열두 굽이를

청노루
맑은 눈에

도는
구름

23 문자기억법

1. 화학 원소기호
2. 수학 기호
3. 식물의 3대 비료 원소
4. 일본어 히라가나

기호, 문자, 약식 표기 기억법, 일본어, 화학 기호

일상생활과 학습에서 기억하고자 하는 내용은 일정한 뜻을 알 수 있는 단어와 문장으로만 된 것이 아니라, 문자나 기호같이 절제된 의미를 가지고 표현된 내용들이 있습니다. 이와 같은 문자, 기호, 약식 표기 등을 **스타킹 심상학습기억법**을 이용하여 기억해 보기로 하겠습니다.

기억의 원리는 문자와 뜻 중에서, 어느 한 쪽을 기초화하고, 그 기초에 문자나 뜻을 겹쳐서 하나로 인식하는 방법입니다.

어떠한 내용의 학습물을 기억하더라도 연상 학습을 활용하는 것이 기억을 장기화하는 데에 절대적으로 필요한 일입니다. 그러나 학습물을 연상 학습으로 공부하는 것이 그리 쉽지는 않을 것입니다. 그러므로 급히 서둘지 말고, 차근차근히 심상 4단계를 적용시켜 보도록 해야 합니다. 방법이 선택되면 학습물의 내용에서 인출단서를 만들고, 만들어진 인출단서를 가지고 연상을 시키면 자연스럽게 창의적인 연상 학습이 이루어지는 것입니다. 그리고 기억을 재생해 봄으로써, 확실히 기억이 되었는지 확인이 되는 것입니다.

심상 4단계의 과정은 **스타킹 심상학습기억법**의 어떤 방법에도 모두 적용이 됩니다. 심상 4단계 과정이 충실히 연습이 되면 자연스럽게 연상 학습을 현실화시킬 수 있습니다. 이렇게 되면 **스타킹 심상학습기억법**의 셋째 목적인 '신속하게 기억한다'를 이룰 수 있습니다.

문자기억법에서도 심상 4단계 과정은 어김없이 적용됩니다. 문자의 모양에서 뜻과의 연상 학습적인 결합이 조금은 빠르게 이루어진다면 앞에서의 과정이 충실히 이루어진 결과라고 말할 수 있습니다.

문자기억법을 이용하여 약식으로 표현된 문자, 기호, 지도 표기, 일본어의 히라가나, 화학 원소기호 등을 기억할 수 있습니다. 조금은 상식을 벗어난 방법이지만, 일반적이지 않을 때에 기억이 잘된다는 사실을 잊지 마십시오. **스타킹 심상학습기억법**의 원리는 연상 학습을 기본으로 하며, 인간의 심리적 상태와 대뇌의 생리학적인 측면에서 연구된 내용입니다. 인간이 기억을 장기화할 수 있는 방법을 가능한 한 표현을 했습니다. 참조하여 독자 여러분에게 맞는 방법을 선택하여 사용하시기 바랍니다.

화학 원소기호

보기를 보고 직접 만들어 보세요.

C 탄소	탄소	Mn 망간	
H 수소	수소	Ca 칼슘	
N 질소	질소	Zn 아연	
K 칼륨	칼륨	Cl 염소	
Li 리튬	리튬	W 텅스텐	
P 인	P인	F 플루오르	
S 황	황	Au 금	

Ag		B	
은		붕소	
Pt		Ba	
백금		바륨	
U		Be	
우라늄		베릴륨	
He		Si	
헬륨		규소	
Ne		Pb	
네온		납	
Co		Na	
코발트		나트륨	
Cu		O	
구리		산소	

수학 기호

넓이	S ⟨S⟩ [S] (S)	넓으니까 좌우로 왔다갔다 하기 쉽다.
부피	V 부피	
높이	h 높이	h를 ㄴ(니은)으로 보면
반지름	⊙	원점에서 같은 거리에 있는 점을 연결하면 원이 되는데 한점에서 원점까지의 거리를 그은 흔적이 r자 모양이다.
길이	ℓ 길이	

식물의 3대 비료 원소

N	P	K
질소 비료	인 비료	칼륨 비료
질소 비료는 잎에 작용한다.	인 비료는 열매와 줄기에 작용한다.	칼륨 비료는 뿌리에 작용한다.

일본어 히라가나

직접 해 보세요.

あ 아	か 카	さ 사	た 타	な 나
い 이	き 키	し 시	ち 치	に 니
う 우	く 쿠	す 스	つ 쓰	ぬ 누
え 에	け 케	せ 세	て 테	ね 네
お 오	こ 코	そ 소	と 토	の 노

は		ま		や		ら		ば
하		마		야		라		바
ひ		み		い		り		び
히		미		이		리		비
ふ		む		ゆ		る		ぶ
후		무		유		루		부
へ		め		え		れ		べ
헤		메		에		레		베
ほ		も		よ		ろ		ぼ
호		모		요		로		보

여러분 스스로 연상하여 기억하는 것이 여러분의 실력을 높혀 줄 것입니다. **스타킹 심상학습기억법**에서는 수련문제를 많이 내고 있습니다. 이것은 독자 여러분이 실제로 기억법을 사용할 수 있도록 하기 위해서입니다. 혹 수련 도중에 궁금한 것이 있으면 다음 전화나 홈페이지를 이용하시기 바랍니다.

전화번호 : 02-6092-0113~0115
핸드폰 : 010-9973-1583 / 010-2657-1583
www.mpr.or.kr : MPR심상학습연구소(자유게시판에 질문하세요.)

고시조 · 고문기억법

이 장에서는 고시조·고문기억법을 배우겠습니다. 여기에서 말하는 고시조·고문기억법이라는 것은 특별한 기억 방법을 고안해서 학습하게 된 것이 아니고, 그 동안 배운 전 과목 기억법을 이용하여 수련하게 한 것입니다. 고시조, 고문이 특별히 분류해도 될 만큼의 시대적, 문학사적인 중요성이 있기에 이 장에서 다루게 한 것입니다.

1. 고시조

고시조를 기억하는 방법은 문장 기억법 제1, 3, 4, 8비법이 좋습니다. 그 중에서도 제7과정이 가장 적합하다고 생각됩니다. 그러나 기억 처리 능력을 기르기 위하여 전 과목 기억술 제3, 4, 5비법을 활용해 보는 것도 유익하다고 생각됩니다. 다음의 시조들을 이용하여 연습해 보기로 하겠습니다. 먼저 제목과 작가는 연상하여 기억합니다.

태산이 높다 하되 – 전 과목 제1비법 적용

양사언

태산이 높다 하되 하늘 아래 뫼이로다.
오르고 또 오르면 못 오를 리 없건마는
사람이 제 아니 오르고 뫼만 높다 하더라.

 기초장 0의 장을 이용하여 기억하기로 하겠습니다.

영화관에 태산을 갖다 놓았다 – 태산이 높다 하되
전면 간판에 하늘과 산이 그려져 있다 – 하늘 아래 뫼이로다.
돌출 간판에 매달려 올라가는 사람이 있다 – 오르고 또 오르면
손수레에서도 물건 값을 올릴 수 있다 – 못 오를 리 없건마는
현관에 사람이 많아 서로 올라타며 통과한다 – 사람이 제 아니 오르고
매표소에 높은 산이 올려져 있다 – 뫼만 높다 하더라
작자 : 태산이 높다 하되 양 사서 키우는데 문제가 안(언)된다.
　　　　　태산이 높다 하되 – 양사언

동창이 밝았느냐 – 전 과목 기억술 제8비법

남구만

동창이 밝았느냐 노고지리 우지진다
소 치는 아이는 상기 아니 일었느냐
재 너머 사래 긴 밭을 언제 갈려 하나니

연상 문장 기억법 제8비법의 원리는 자기 자신이 내용의 주인공이 되는 것이 원칙이다. 1) 이부자리에서 눈을 뜨니 동창이 밝았는데, 2) 소 치는 아이가 일찍 일어나 3) 재 너머 사래 긴 밭으로 가고 있다.

1. 동창을 보면서 : 동창이 밝았느냐 노고지리 우지진다.
2. 소 치는 아이를 보면서 : 소 치는 아이는 상기 아니 일었느냐
3. 재 너머 사래 긴 밭을 보면서 : 재 너머 사래 긴 밭을 언제 갈려 하나니

작자 : 동창이 밝았는데 이부자리엔 나만 남았구만!
　　　　동창이 밝았느냐 – 남구만

청산리 벽계수야 – 전 과목 기억술 제3비법

황진이

청산리 벽계수야 수이 감을 자랑 마라.
일도창해하면 돌아오기 어려우니,
명월이 만공산하니 쉬어 간들 어떠리.

 먼저 시조의 내용에서 인출단서를 만들어 제목의 글자에 기초결합법으로 기억한다.

청산리 벽계수야 – 산과 물(깨끗한 산의 개울물)
수이 감을 자랑 마라 – 많은 수의 감을 자랑하는 모습(많은 감)
일도창해하면 – 한 개의 칼과 창
돌아오기 어려우니 – 전쟁터
명월이 만공산하니 – 공처럼 생긴 달
쉬어 간들 어떠리 – 쉰 음식 먹고 간이 들썩이고 어지럽다(쉰 음식, 간)

모란은 화중왕(花中王)이요 – 전 과목 기억술 제8비법

김수장

모란은 화중왕이요, 향일화는 충효로다
매화는 은일사요, 행화는 소인이요, 연화는 부녀요 국화는 군자요, 동백화는 한사요, 박꽃은 노인이요, 석죽화는 소년이요, 해당화는 계집애로다.
이 중에 이화는 시객이요, 홍도 벽도 삼색도는 풍류랑인가 하노라.

 **연상** 꽃으로 장식한 왕관을 쓴 왕의 대전

모란은 <u>花中王</u>이요, <u>向日花는 忠孝</u>로다
        1   2

<u>梅花는 隱逸士</u>요, <u>杏花는 小人</u>이요, <u>軟化는 婦女</u>요, <u>菊花는 君子</u>요,
    3   4   5   6

<u>冬柏花는 寒士</u>요, <u>박꽃은 老人</u>이요, <u>석죽화는 少年</u>이요, <u>海棠花는 계집애</u>로다
    7   8   9

<u>이 중에 梨花는 詩客</u>이요, 홍도 碧挑 三色挑는 풍류랑인가 하노라
                   10

1. 꽃 왕관을 쓴 왕이 모란을 들고 있다.
2. 시녀들이 향수 냄새를 풍기며 충성스럽게 부채질을 한다.
3. 왕좌 옆의 매화를 심은 화분은 은으로 만든 화분이다.
4. 왕 앞에 나와 행동하는 신하가 "소인이 아뢰옵기 황공하오나 제 딸을 시집을 보낼까 하온데…" 하며 머리를 조아린다.
5. 시녀의 이름은 연화인데, 조아린 신하와 부녀 지간이다.
6. 신하 옆에 서 있는 사람은 연화에게 청혼을 하려 국화를 들고 왔는데 군자의 모습을 하고 있다.
7. 연화와 군자는 동년배인데도 한사코 결혼을 하려고 한다.
8. 대전 밖에 있는 노인은 군자의 아버지로 왕의 허락이 떨어지기를 기다리고 있고, 석양에 대나무 지팡이를 들고 있는 소년은 사실은 이 일에 해당이 없는 계집애이다.

9. 왕의 허락이 떨어지자 다른 시녀들이 이화 꽃잎을 뿌리며, 식객들을 위하여 홍색과 벽색으로 어우러진 상 위에 세 가지 색의 음식을 차려 놓자, 왕과 모든 신하와 식객들이 풍류를 즐긴다.

그림을 그려서 기억해 보세요.

내 벗이 몇이냐 하니 – 전 과목 기억술 제4비법

윤선도

내 벗이 몇이냐 하니 수석과 송죽이라.
동산에 달 오르니 긔 더욱 반갑고야.
두어라. 이 다섯 밖에 또 더하여 무엇하리.

 **연상** 친구의 모습에 기초 결합시킨다.

1. 머리 : 빗으로 머리카락의 수를 헤아린다 – 내 벗이 몇인가 하니
2. 얼굴 : 송구공같이 생긴 얼굴이지만 수석을 하여 내 기를 죽인다. – 수석과 송죽이라
3. 목 : 목에 둥근 달 모양의 목걸이를 하였다.
4. 가슴 : 오랜만에 만나 반가운 마음으로 가슴으로 안았다 – 긔 더욱 반갑고야
5. 손 : 양손의 손가락을 더해 본다 – 두어라. 이 다섯 밖에 또 더하여 무엇하리

국화야 – 전 과목 기억술 제8비법

이정보

국화야, 너는 어이 삼월동풍 다 보내고,
낙목한천에 네 홀로 피었는다.
아마도 오상고절은 너뿐인가 하노라.

菊花야, 너는 어이 三月東風 다 보내고,
落木寒天에 네 홀로 피었는다.
아마도 傲霜孤節은 너뿐인가 하노라.

낱말 공식 기초장

25

제4편

스타킹 심상학습기억법 특별편

Photo Mnemonic System
Photo Reading
Study Technics

특별장
낱말 공식 기초장

1. 기초장의 확장
2. 정신집중훈련
3. 기억 능력 배가 훈련

기초장의 확장

낱말 공식을 이용하여 기초장을 확장하여 보겠습니다.

차행	가행	나행	다행	하행	마행	바행	사행	아행	자행
0 차창	100 가축	200 낯	300 닻	400 하천	500 마차	600 바주카포	700 사철나무	800 아침	900 자치기
10 차고	110 가구	210 낙지	310 다과상	410 학교	510 마개	610 박씨	710 사과	810 아기	910 작가
20 찬장	120 간호사	220 난로	320 단추	420 하늘	520 만두	620 반사경	720 산삼	820 안과	920 잔
30 차돌멩이	130 과도	230 낟가리	330 다듬잇돌	430 하돈탕	530 마당쇠	630 바둑판	730 사또	830 아더왕	930 자동차
40 찰떡	140 갈매기	240 나루터	340 달팽이	440 하루방	540 말미잘	640 발명품	740 살쾡이	840 알사탕	940 자루
50 참외	150 감자	250 남산	350 담장	450 함팔이	550 맘모스	650 밤	750 삼손	850 암탉	950 잠자리
60 찹쌀	160 가방	260 나비	360 다보탑	460 합창단	560 마부	660 밥풀	760 삽	860 압축기	960 잡지
70 찻잔	170 가수	270 나사	370 다시마	470 하사관	570 마술사	670 밧데리	770 사슴	870 어사	970 자수
80 창문	180 강아지	280 냉수	380 당구장	480 항공모함	580 망아지	680 방앗간	780 상비약	880 앙고라	980 장기
90 차장	190 가정부	290 낮잠	390 대장군	490 하잠	590 맞선	690 바자회	790 사자	890 아주머니	990 자장가

0의 장 차창

1	문	4	형광등	7	손잡이
2	메모걸이	5	선풍기	8	창문
3	소화기	6	안내표	9	좌석

10의 장 차고

1	가지	4	차고문	7	수도
2	나무	5	자동차 핸들	8	꼭지
3	잔디	6	자동차 헤드라이트	9	호수

20의 장 찬장

1	접지	4	환풍기	7	냄비 뚜껑
2	찬장 손잡이	5	환풍기 줄	8	냄비
3	도자기	6	벽	9	가스버너

30의 장 차돌멩이

1	운전석	4	레미콘	7	기중기
2	백미러	5	조정판	8	철근
3	범퍼	6	바퀴	9	자갈

40의 장 찰떡

1	호롱불	4	갓	7	음식
2	받침대	5	상투	8	잔칫상
3	기둥	6	도포	9	상다리

50의 장 참외

1	원두막 지붕	4	참외밭	7	손잡이
2	원두막	5	참외 줄기	8	바구니
3	사다리	6	잎사귀	9	참외밭

60의 장 찹쌀

1	가마니	4	표시창	7	찹쌀
2	쌀	5	기둥	8	기계
3	쌀통	6	저울	9	그릇

70의 장 찻잔

1	커피포트	4	커피갈개	7	커피잔
2	커피	5	커피받이	8	접시
3	유리그릇	6	프림과 설탕	9	스푼

80의 장 창문

1	화초	4	레이스	7	연필통
2	화분	5	커튼	8	책꽂이
3	베란다	6	유리창	9	책

90의 장 차장

1	모자	4	고압선	7	광고판
2	제복	5	기차	8	안내표지
3	깃발	6	창문	9	선로

100의 장 가축

1	나무	4	초가지붕	7	닭
2	울타리	5	툇마루	8	병아리
3	가축장	6	댓돌	9	개

110의 장 가구

1	전등갓	4	컴퓨터	7	옷장
2	기둥	5	책상	8	텔레비전
3	받침대	6	의자	9	책장

120의 장 간호사

1	주사바늘	4	머리	7	캐비닛
2	주사기	5	옷	8	약상자
3	주입기	6	신발	9	집게

130의 장 과도

1	과일	4	칼	7	믹서 뚜껑
2	과일 그릇	5	도마	8	손잡이
3	깔개	6	도마 다리	9	믹서

140의 장 갈매기

1	부리	4	연통	7	하늘
2	날개	5	깃발	8	바다
3	꼬리	6	튜브	9	파도

150의 장 감자

1	감자꽃	4	천막	7	식기
2	줄기	5	손잡이	8	감자전
3	감자	6	바퀴	9	양동이

160의 장 가방

1	물통 끈	4	가방	7	가방끈
2	물통 뚜껑	5	주머니	8	지팡이
3	물통	6	손전등	9	밧줄

170의 장 가수

1	얼굴	4	마이크	7	헤드폰
2	기타	5	고정대	8	조정기
3	바지	6	마이크 줄	9	스피커

180의 장 강아지

1	지붕	4	머리	7	뼈다귀
2	집	5	방울	8	밥그릇
3	멍석	6	꼬리	9	땅

190의 장 가정부

1	머리 수건	4	세탁기	7	빨래판
2	고무장갑	5	수건	8	대야
3	앞치마	6	호스	9	가루비누

200의 장 낯

1	대머리	4	이마	7	코
2	귀	5	눈썹	8	입
3	어깨	6	눈	9	턱

210의 장 낙지

1	물갈퀴	4	손잡이	7	낙지 머리
2	산소통	5	작살통	8	낙지 입
3	물안경	6	작살	9	낙지 다리

220의 장 난로

1	집게	4	주전자	7	손잡이
2	연탄	5	난로	8	호스
3	연탄통	6	연통	9	소화기통

230의 장 낟가리

1	모자	4	탈곡기	7	볏짚 밑둥
2	수건	5	연결줄	8	새끼줄
3	신발	6	모터	9	벼

240의 장 나루터

1	보트	4	난간	7	돛
2	낚시꾼	5	판자	8	나룻배
3	낚싯대	6	다리	9	삿대

250의 장 남산

1	남산타워	4	정류소	7	분수
2	전망대	5	케이블카	8	분수대
3	출입구	6	고정대	9	휴지통

260의 장 나비

1	곤충망	4	모자	7	나비
2	곤충채	5	가방	8	꽃
3	손잡이	6	신발	9	풀

270의 장 나사

1	손잡이	4	볼트 머리	7	펜치 머리
2	회전대	5	볼트	8	고정핀
3	드릴날	6	너트	9	손잡이

280의 장 냉수

1	마개	4	물	7	꼭지
2	물통	5	정수 필터	8	컵
3	고정대	6	받침대	9	컵받침

290의 장 낮잠

1	코	4	주전자	9	연필
2	배꼽	5	컵	8	색연필
3	반바지	6	쟁반	9	컴퍼스

300의 장 닻

1	컨테이너	4	굴뚝	7	깃대
2	짐	5	선실	8	갑판
3	기둥	6	계단	9	말뚝

310의 장 다과상

1	다과	4	뚜껑	7	상
2	그릇	5	주전자	8	모서리
3	그릇 밑	6	수건	9	다리

320의 장 단추

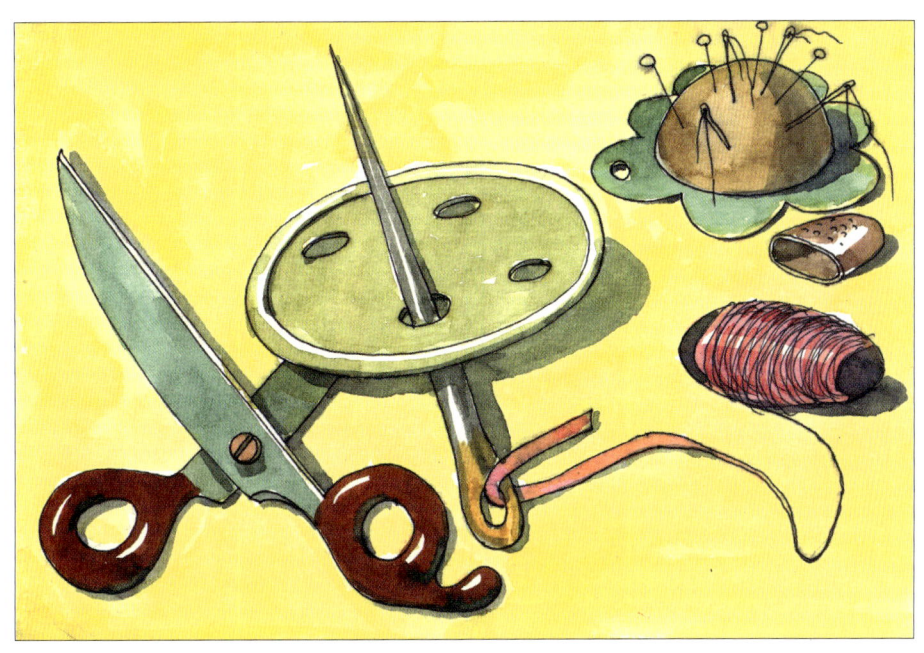

1	가위날	4	바늘 끝	7	바늘꽂이
2	고정핀	5	바늘 중간	8	골무
3	손잡이	6	바늘귀	9	실

330의 장(場) 다듬잇돌

1	문	4	방망이	7	비녀
2	문고리	5	빨래	8	저고리
3	발	6	멍석	9	치마

340의 장(場) 달팽이

1	풀	4	머리	7	거미집
2	이슬	5	몸	8	거미줄
3	나뭇가지	6	꼬리	9	거미

350의 장(場) 담장

1	담기와	4	처마	7	초가지붕
2	담벽	5	대문	8	굴뚝
3	축대	6	문턱	9	울타리

360의 장(場) 다보탑

1	탑 지붕	4	돌기와	7	풍경 줄
2	정자	5	기둥	8	종
3	돌층계	6	축대	9	풍경

370의 장(場) 다시마

1	수면	2	공기방울	7	낚시찌
2	수중	5	물고기	8	낚싯줄
3	미역	6	산호	9	낚싯바늘

380의 장(場) 당구장

1	큐대장	4	당구대	7	달력
2	큐	5	당구공	8	점수판
3	고정대	6	포켓	9	소파

390의 장(場) 대장군

1	머리	4	논	7	부엉이
2	얼굴	5	들	8	가지
3	명패	6	길	9	나무

400의 장(場) 하천

1	축사	4	하천 둑	7	비닐하우스
2	젖소	5	하천	8	밭
3	울타리	6	교각	9	기차

410의 장(場) 학교

1	모자	4	태극기	7	지붕
2	가방	5	시계탑	8	창문
3	신발주머니	6	현관	9	철봉대

420의 장(場) 하늘

1	해	4	달	7	피뢰침
2	구름	5	별	8	산
3	비	6	유성	9	건물

430의 장(場) 하돈탕(복어탕)

1	수증기	4	메뉴판	7	젓가락
2	탕	5	그림	8	숟가락
3	뚝배기	6	가격표	9	반찬

440의 장(場) 하루방

1	머리	4	백록담	7	해변
2	얼굴	5	한라산	8	돌
3	손	6	유채꽃밭	9	바다

450의 장(場) 함팔이

1	술병	4	모자	7	오징어
2	부침개	5	한복	8	함
3	촌지	6	등	9	짚신

460의 장(場) 합창단

1	머리	4	합창단원	7	악보
2	지휘복	5	합창복	8	보면대
3	지휘석	6	무대	9	기둥

470의 장(場) 하사관

1	모자	4	안장	7	탱크 문
2	마크	5	계급장	8	포대
3	모자챙	6	주머니	9	탱크 바퀴

480의 장(場) 항공모함

1	머리	4	활주로	7	레이더
2	조종석	5	비행기	8	전망대
3	꼬리	6	격납고	9	기관총

490의 장(場) 하잠(여름누에고치)

1	뽕	4	번데기	7	선반
2	뽕잎	5	애벌레	8	기둥
3	줄기	6	고치	9	누에집

500의 장(場) 마차

1	채찍	4	모자	7	마차
2	말	5	양복	8	마차 문
3	고삐	6	마부석	9	바퀴

510의 장(長) 마개

1	집게	4	손잡이	7	술병
2	얼음	5	나사	8	빨대
3	그릇	6	코르크 마개	9	유리잔

520의 장(場) 만두

1	찜통	4	모자	7	밀가루
2	헝겊	5	리본	8	밀대
3	가스 불	6	반죽	9	도마

530의 장(場) 마당쇠

1	두레박	4	빗자루대	7	머리
2	두레박 줄	5	손	8	한복
3	우물	6	싸리비	9	신발

540의 장(場) 말미잘

1	촉수	4	가재발	7	조개
2	입	5	가재	8	진주
3	기둥	6	소라 껍질	9	밑바닥

550의 장(場) 맘모스(코끼리)

1	그네 끈	4	코끼리 모자	7	피에로
2	원숭이	5	꽃	8	의자
3	그네	6	발판	9	멜빵

560의 장(場) 마부

1	모자	4	말머리	7	말먹이
2	홍당무	5	짐	8	마구
3	장화	6	다리	9	받침대

570의 장(場) 마술사

1	터번	4	유령 눈	7	손잡이
2	조끼	5	유령 코	8	뚜껑
3	바지	6	유령 입	9	주둥이

580의 장(場) 망아지

1	집	4	머리	7	고삐
2	문	5	등	8	줄
3	울타리	6	꼬리	9	말뚝

590의 장(場) 맞선

1	여자 머리	4	등	7	의자
2	옷	5	꽃	8	컵
3	시계	6	꽃병	9	탁자

600의 장(場) 바주카포

1	벙커	4	포구	7	안테나
2	경계석	5	조준경	8	무전기
3	땅	6	철모	9	계기판

610의 장(場) 박씨

1	초가 지붕	4	머리	7	톱 손잡이
2	창문	5	저고리	8	톱
3	장독대	6	치마	9	큰 박

620의 장(場) 반사경

1	새	4	렌즈	7	갑판
2	바위	5	거울	8	조준석
3	보물	6	잠망경대	9	라이트

630의 장(場) 바둑판

1	바둑판 위	4	두껑	7	방석
2	바둑판 면	5	바둑알	8	방석 모서리
3	다리	6	바둑통	9	방석 수술

640의 장(場) 발명품

1	책꽂이	4	실험 기구	7	안테나
2	책	5	설계도면	8	로봇
3	책장	6	조종기	9	공구통

650의 장(場) 밤

1	연통	4	구이통	7	아주머니
2	드럼통	5	화로	8	군밤통
3	선반	6	장작	9	군밤

660의 장(場) 밥풀

1	호롱불	4	솥뚜껑	7	밥그릇
2	호롱	5	밥	8	주걱
3	선반	6	솥	9	행주

670의 장(場) 밧데리

1	+극	4	손잡이	7	연결극
2	건전지	5	상표	8	전깃줄
3	-극	6	통	9	플러그

680의 장(場) 방앗간

1	멍키 스패너	4	입구	7	방망이
2	모자	5	기계방아	8	절구
3	작업복	6	출구	9	멍석

690의 장(場) 바자회

1	천막	4	물건	7	간판
2	천막 기둥	5	안내원	8	옷걸이
3	천막 줄	6	모금함	9	옷

700의 장(場) 사철나무

1	트리	4	화덕	7	촛불
2	화분	5	모닥불	8	케이크
3	선물	6	불쏘시개	9	식탁

710의 장(場) 사과

1	밀짚모자	4	전등	7	저울
2	돈주머니	5	표지판	8	밑받침
3	신발	6	쪼갠 사과	9	상자

720의 장(場) 산삼

1	수염	4	삼꽃	7	폭포
2	곰방대	5	이파리	8	무지개
3	바구니	6	산삼 뿌리	9	바위

730의 장(場) 사또

1	깃발	4	모자	7	병풍
2	투구	5	관복	8	도자기
3	받침대	6	포고문	9	장식대

740의 장(場) 살쾡이

1	수풀	4	머리	7	전등 빛
2	돌	5	등	8	손전등
3	옹달샘	6	꼬리	9	전등 고리

750의 장(場) 삼손

1	돌기둥 상	4	머리	7	치마
2	돌기둥 중	5	수염	8	쇠사슬
3	돌기둥 하	6	가슴	9	말뚝

760의 장(場) 삽

1	꽃밭	4	손잡이	7	삽자루
2	표지판	5	물뿌리개	8	삽대
3	벽돌	6	주둥이	9	삽날

770의 장(場) 사슴

1	뿔	4	등	7	바위
2	머리	5	꼬리	8	풀
3	입	6	다리	9	샘

780의 장(場) 상비약

1	상자 뚜껑	4	반창고	7	밴드
2	약상자	5	알약	8	밴드통
3	상자 고리	6	주사기	9	붕대

790의 장(場) 사자

1	사자 꼬리	4	벽	7	생쥐 머리
2	사자등	5	울타리	8	생쥐 배
3	사자 머리	6	바닥	9	그루터기

800의 장(場) 아침

1	햇빛	4	바가지	7	얼굴
2	해	5	꼭지	8	수건
3	숲	6	물통	9	바지

810의 장(場) 아기

1	젖병	4	장난감	7	손잡이
2	이유식	5	침받이	8	덮개
3	쟁반	6	기저귀	9	바퀴

820의 장(場) 안과

1	반사경	4	안경테	7	측정판
2	머리털	5	안경알	8	식염수
3	콧수염	6	안경다리	9	렌즈

830의 장(場) 아더왕

1	상징봉	4	왕관	7	깃발
2	봉대	5	망토	8	지붕
3	봉 자루	6	신발	9	성문

840의 장(場) 알사탕

1	눈물	4	풍선	7	과자
2	입	5	풍선 끈	8	사탕
3	별 그림	6	장갑	9	판매대

850의 장(場) 암탉

1	벼슬	4	계란	7	모이통
2	날개	5	둥지	8	병아리
3	발	6	볏짚	9	물통

860의 장(場) 압축기

1	조이개	4	드럼	7	공구
2	핸들	5	철판	8	조립대
3	고정대	6	선반	9	의자

870의 장(場) 어사

1	마패 끈	4	어사모	7	등받이
2	마패 고리	5	신분패	8	의자
3	마패	6	어사복	9	손잡이

880의 장(場) 앙고라

1	숲	4	귀	7	토끼집
2	잔디	5	머리	8	창살
3	풀	6	몸통	9	문

890의 장(場) 아주머니

1	머리	4	생선	7	윗도리
2	팔	5	생선 그릇	8	파
3	작업복	6	씻음통	9	장바구니

900의 장(場) 자치기

1	모자	4	지붕	7	손잡이
2	자	5	기둥	8	시소
3	나뭇조각	6	발판	9	중심대

910의 장(場) 작가

1	가스 밸브	4	망치	7	모자
2	가스통	5	석고	8	작업복
3	고정대	6	회전판	9	공구

920의 장(場) 잔

1	약탕기	4	뚜껑	7	포트 뚜껑
2	찻잔	5	상표	8	포트
3	찻숟가락	6	차통	9	전기 코드

930의 장(場) 자동차

1	계기판	4	라디오	7	손잡이
2	핸들	5	볼륨 스위치	8	대
3	의자	6	에어컨	9	기어통

940의 장(場) 자루

1	고리	4	부대 입	7	쌀
2	가마니	5	부대 끈	8	쌀통
3	주판	6	부대	9	됫박

950의 장(場) 잠자리

1	눈	4	갈대	7	하늘
2	날개	5	시내	8	산
3	꼬리	6	풀	9	들

960의 장(場) 잡지

1	알림표	4	도서 명패	7	잡지 표지
2	계산대	5	책장	8	책갈피
3	연습장	6	책	9	책상

970의 장(場) 자수

1	보면대	4	바탕 헝겊	7	옷
2	경첩	5	바늘	8	초록 실패
3	견본 그림	6	자수 그림	9	붉은 실패

980의 장(場) 장기

1	선풍기 날개	4	사람	7	음료수
2	모터	5	장기 알	8	컵
3	스위치	6	장기판	9	쟁반

990의 장(場) 자장가

1	모빌 줄	4	침대 끈	7	안테나
2	모빌	5	베게	8	손잡이
3	방울	6	이불	9	라디오

정신집중훈련

　기초결합법을 이용하여 정신 집중을 하는 경우는 보기 드문 일이라 생각이 들 것입니다. 그러나, 대뇌의 작용을 생각해 본다면 정신 집중 훈련이 그리 어려운 문제는 아닙니다. 어떠한 물체나 내용 하나에 정신을 집중하면 대뇌의 뇌파 상태가 가장 활동이 왕성하면서 안정이 되며, 알파파를 발산하게 됩니다. 알파파가 발산되는 상태에서는 좌·우뇌의 교신이 가장 활발하여 학습하였던 모든 사실을 쉽게 이해할 수 있으며, 무의식적으로 표현할 수 있을 정도의 능력을 나타낼 수가 있습니다. 이와 같은 대뇌의 작용을 이용하여, 기초장을 0부터 999까지 빠른 속도로 상상해 간다면 뇌파 상태가 쉽게 알파파를 발신하는 상태로 낮아집니다. 이렇게 상상하는 동안 잡념이 없어지며, 번거로운 생각에서 벗어날 수 있으므로 그 효과는 매우 높다고 말할 수 있습니다.

　기초장을 0부터 999까지가 너무 많다고 생각하는 독자는 499까지만 이용하여 가능한 한 빨리 상상하도록 해도 무방합니다. 이와 같은 정신 집중 훈련 또한 수련이 필요한 것이므로 시간이 나든지 안 나든지 수련을 게을리하지 않도록 해야 합니다.

기억 능력 배가 훈련

　기억 능력 배가 훈련이란, 기초장을 이용하여 기억할 수 있는 단어나 구, 절, 문장의 수가 100개로 한정되어 있는 것을 1000개로 늘려 훈련할 수 있도록 한 것입니다.
　기초장을 이용한 훈련에서 10개의 단어를 기억할 때가 50개의 단어를 기억할 때보다 쉬웠던 것을 잘 알고 있을 것입니다. 그러므로, 100개를 기억하는 것이 1000개를 기억하는 것보다 훨씬 쉽습니다. 그러면서도 굳이 1000개 기억 연습을 권유하는 것은 두뇌의 능력을 안일하게 낮추어서는 안되기 때문입니다.
　현재까지 **스타킹 심상학습기억법**을 가르치면서 느꼈던 것은 많은 학생들이 쉽게 공부할 수 있는 방법만 알려고 할 뿐이지 자신의 두뇌를 개발시키기 위해서는 상당한 훈련을 거쳐야 한다는 사실에 쉽게 실망하는 것입니다. 그러나 실제적인 **스타킹 심상학습기억법** 능력은 100개, 200개, 300개 등 많은 양을 단숨에 기억해야 실력을 인정받을 수 있음을 알아야 합니다. 또, 똑같이 **스타킹 심상학습기억법**을 배웠다고 하더라도 노력하여 능력을 키운 사람이 월등히 실력이 좋아 어느 때든지 인정받으며 살 수 있기 때문입니다. 물론 독자 여러분도 이 사실을 잘 알고 있으리라 믿습니다만, 실제로 이와 같은 능력을 쌓은 사람은 손가락으로 꼽을 만큼 그리 많지 않습니다. 그렇다면 남보다 앞서기 위해서라도, 내 능력을 더 크게 키우기 위해서라도 1000개 기억하기 훈련에 몰두해 보십시오. 여러분의 앞날이 밝을 것입니다.
　기초장이 필요가 없이 공부하는 방법도 전 과목 기억법에서 다루게 됩니다. 그러나, 상황에 따라 학습하는 방법이 달라지므로, 1000개의 기초장도 필요합니다. 예를 들면, 영어 단어를 한번에 1000개를 기억하여 표현할 때입니다.
　스타킹 심상학습기억법에서는 낱말 공식을 이용하여 만든 기초장으로 1000개의 단어를 기억하는 훈련을 하여, 여러분의 기억 능력을 배가시켜 나가도록 하였습니다. 1초에 1개를 기억한다는 원칙을 기준으로 삼고 열심히 수련하여 주십시오. 이 훈련은 법계, 의학계, 첨단 과학계 등등 많은 내용을 기억하고 있어야 하는 분야에서 좋은 효과를 볼 수 있을 것입니다. 일반적인 분야에서도 자기 자신의 능력을 배가시켜 뛰어난 능력의 소유자로 인정받을 수 있을 것입니다. 능력을 갖추고 있으면, 여러 가지 일들이 갑자기 닥쳐도 쉽게 처리할 수 있을 것입니다. 평상시에 능력을 키워 인생을 성공적으로 사는 현명한 사람이 되기를 바랍니다. 평소에 수련을 쌓아 두지 않으면 필요할 때에 큰 아쉬움과 기회를 잃어버리는 실수를 하게 될 것입니다. 꼭 명심하여 성공적으로 사는 인생을 만드시기 바랍니다.

수련문제 0~99

0	촛불
1	태양
2	대문
3	악마
4	바이올린
5	물고기
6	사이다
7	불독
8	흡혈귀
9	해삼
10	능구렁이
11	대장
12	선원
13	송충이
14	씨름
15	논
16	멧돼지
17	레슬링
18	우체국
19	염소
20	건물
21	쪽지
22	저고리
23	지도
24	장미
25	솥
26	사자
27	물소
28	무
29	텔레비전
30	거적
31	아저씨
32	배우
33	공작
34	콩
35	촉새
36	타조
37	저울
38	지렁이
39	충치
40	신부
41	은행
42	별
43	잠수함
44	땅
45	꽃게
46	대마도
47	누에
48	메뚜기
49	갓
50	시멘트
51	약국
52	동메달
53	도로
54	뻐꾸기
55	별장
56	챔피언
57	김치
58	가위
59	거머리
60	고목
61	주사기
62	사료
63	항구
64	휘발유
65	풀
66	해바라기
67	아주머니
68	양배추
69	원자폭탄
70	자루
71	조개
72	단풍
73	고인돌
74	민들레
75	학자
76	파이프
77	호박
78	학교
79	나방
80	마녀
81	고기
82	개구쟁이
83	가수
84	기생충
85	풍차
86	테이프
87	수염
88	소
89	생선
90	산삼
91	매
92	내장
93	소독약
94	술집
95	아가미
96	학습지
97	단풍
98	뼈
99	방울

수련문제 100~199

100 낙타
101 단군
102 떡
103 미사일
104 밥
105 금붕어
106 가마
107 양복
108 어린이
109 상여
110 생선묵
111 뚜껑
112 그림
113 간장
114 건전지
115 고추
116 케이크
117 오징어
118 담배
119 도마뱀
120 주사위
121 빌딩
122 목탁
123 석류
124 삼태기
125 불
126 병
127 음료수
128 왕거미
129 바늘
130 배추
131 말
132 난쟁이
133 호수

134 편지
135 한강
136 호주머니
137 어머니
138 자석
139 만세
140 난로
141 단지
142 떡국
143 미술
144 명함
145 비둘기
146 방패
147 밀가루
148 소라
149 쓰레기
150 앞치마
151 수학책
152 서당
153 소금
154 개똥벌레
155 가스
156 기선
157 군인
158 고무
159 거문고
160 인쇄소
161 전쟁
162 진주조개
163 치마
164 돌
165 로봇
166 금고

167 가랑잎
168 갈치
169 우유
170 이순신
171 초인종
172 타이머
173 까마귀
174 기계
175 프로야구
176 해수욕장
177 토끼
178 보리
179 붓
180 설계도
181 새
182 대추
183 다람쥐
184 나비
185 마늘
186 벼룩
187 부채
188 빛
189 방망이
190 몽둥이
191 뿌리
192 신선
193 수영
194 석유
195 가족
196 귀뚜라미
197 공원
198 두꺼비
199 두더지

수련문제 200~299

200 말뚝
201 날개
202 한글
203 화가
204 난초
205 만화
206 유도
207 옥수수
208 코
209 찹쌀
210 침대
211 강
212 경찰
213 곰팡이
214 구름
215 핸드백
216 피아노
217 토마토
218 해적
219 모기
220 거지
221 쌀
222 동네
223 마라톤
224 나팔꽃
225 찬장
226 가루
227 전차
228 금강산
229 교통순경
230 곤충
231 한라산
232 군함
233 포로
234 탁아소
235 탈
236 외나무
237 다리
238 이발관
239 장관
240 족제비
241 바퀴
242 뻐꾸기
243 보물
244 붕어
245 사장
246 포도
247 두꺼비
248 선비
249 썰매
250 돌고래
251 눈
252 생쥐
253 손수레
254 교도소
255 엿
256 걸레
257 달
258 전구
259 인공위성
260 우주선
261 탬버린
262 냉수
263 담요
264 도시
265 등잔
266 비
267 소풍
268 철근
269 콩나물
270 왕거미
271 의사
272 수도
273 울타리
274 미역
275 메주
276 백두산
277 바다
278 무지개
279 사마귀
280 송곳
281 스파이
282 아카시아
283 땅콩
284 어부
285 장갑
286 미역
287 기둥
288 톱
289 바가지
290 도청기
291 땅콩
292 노랑나비
293 그림자
294 고물
295 달걀
296 짜장면
297 밭
298 쓰레받기
299 관측소

수련문제 300~399

300 도끼	334 동물	367 지뢰
301 두루미	335 마술	368 물오리
302 말미잘	336 낚시	369 박수
303 종	337 칠면조	370 에디슨
304 창고	338 영화	371 새우
305 코끼리	339 울릉도	372 포스터
306 밭	340 일기장	373 할머니
307 벽돌	341 교회	374 화장품
308 부채	342 곤장	375 화장실
309 사공	343 검은깨	376 포장지
310 상	344 감	377 오리
311 양	345 가마니	378 원숭이
312 아버지	346 강도	379 자
313 쓰레받기	347 계란	380 제비
314 서리	348 공	381 모래
315 소나무	349 하늘	382 미용실
316 수표	350 향수	383 방귀
317 실	351 필름	384 벙어리
318 가지	352 쇠고기	385 순대
319 개미	353 시소	386 소녀
320 고리	354 악어	387 미장원
321 공주	355 복도	388 모자
322 화산	356 설악산	389 살구
323 포크	357 외삼촌	390 서산대사
324 한자	358 탐정	391 거름
325 카우보이	359 메밀	392 꼬리
326 참깨	360 진달래	393 가시
327 접시	361 측우기	394 기자
328 입	362 탤런트	395 금관
329 빵	363 사진기	396 면도칼
330 철판	364 버드나무	397 미꾸라지
331 부모	365 전기스탠드	398 밤
332 비석	366 총	399 구슬
333 대패		

수련문제 400~499

400 생강	**434** 주전자	**467** 송장
401 성주	**435** 뿔	**468** 렌즈
402 개	**436** 선생님	**469** 온천
403 가마솥	**437** 타이머	**470** 유리
404 기러기	**438** 당나귀	**471** 잔디
405 허수아비	**439** 철도	**472** 종이
406 대통령	**440** 사막	**473** 무기
407 찬합	**441** 송사리	**474** 바구니
408 동생	**442** 맹꽁이	**475** 배꼽
409 하마	**443** 도자기	**476** 선녀
410 낙엽	**444** 카드	**477** 손톱
411 마패	**445** 문어	**478** 스위치
412 물감	**446** 씨	**479** 아스팔트
413 복권	**447** 머루	**480** 고사리
414 설렁탕	**448** 라디오	**481** 광화문
415 사진	**449** 안테나	**482** 굴
416 시청	**450** 머리	**483** 가지
417 발판	**451** 이끼	**484** 망아지
418 수갑	**452** 백조	**485** 두부
419 물통	**453** 어항	**486** 도둑
420 안마	**454** 노루	**487** 달팽이
421 버터	**455** 장군	**488** 사다리
422 사전	**456** 병원	**489** 노랑나비
423 시장	**457** 상표	**490** 성냥
424 발	**458** 대감	**491** 지도
425 뽕나무	**459** 이발사	**492** 껌
426 물수건	**460** 쥐	**493** 미나리
427 안과	**461** 불가사리	**494** 고양이
428 버스	**462** 선수	**495** 풍보
429 택시	**463** 독약	**496** 시간표
430 병신	**464** 재떨이	**497** 가수
431 상투	**465** 청개구리	**498** 벙어리
432 독수리	**466** 사슴	**499** 담요
433 냉장고		

수련문제 500~599

500 필통
501 국립묘지
502 붕어
503 까치
504 벌통
505 우주선
506 소파
507 누룽지
508 세면기
509 구슬
510 짬뽕
511 마늘
512 시멘트
513 얼음
514 하마
515 군인
516 비누
517 짚신
518 풀
519 우체국
520 권총
521 가방
522 세탁기
523 코카콜라
524 시계
525 잠수함
526 잠자리
527 라면
528 시장
529 학교
530 트로피
531 지팡이
532 밤
533 바구니

534 에스키모
535 장난감
536 액자
537 커피
538 간판
539 벚꽃
540 운전사
541 형광등
542 감자
543 가게
544 타자기
545 자동차
546 소금
547 박
548 독나방
549 금붕어
550 통닭
551 시멘트
552 벼
553 망원경
554 개구리
555 포수
556 시내
557 얼음
558 사람
559 무덤
560 늑대
561 고래
562 학자
563 창
564 율동
565 쌍화탕
566 바나나

567 대나무
568 꽃
569 향수
570 거품
571 포장지
572 지렁이
573 여왕
574 뿔
575 기름
576 다리미
577 고릴라
578 한라산
579 채소
580 자전거
581 맹꽁이
582 바둑
583 대리석
584 꽃잎
585 헌병
586 칠면조
587 사이다
588 소독약
589 배낭
590 독약
591 군함
592 흙탕물
593 은행
594 정글
595 심장
596 벼랑
597 탈
598 간첩
599 튀밥

수련문제 600~699

600 정미소
601 십자가
602 벼루
603 라디오
604 냄비
605 거머리
606 폭죽
607 지붕
608 여우
609 불가사리
610 물
611 다시마
612 고무
613 채찍
614 우체부
615 샌드위치
616 바람개비
617 대나무
618 꽃병
619 헬리콥터
620 침
621 잠수부
622 소라
623 배드민턴
624 돈
625 꿀
626 흥부전
627 가마
628 소세지
629 돋보기
630 기린
631 간판
632 특공대
633 제과점

634 아내
635 벽돌
636 머리
637 남자
638 거미
639 표범
640 지팡이
641 여치
642 물고기
643 딱따구리
644 고속도로
645 한복
646 책
647 을지문덕
648 샌들
649 바퀴벌레
650 바퀴
651 대장
652 과수원
653 혀
654 반찬
655 대학
656 광부
657 호랑나비
658 칼국수
659 원숭이
660 명태
661 넓적다리
662 거품
663 풍차
664 송사리
665 뱀
666 돗자리

667 계량기
668 꿩
669 산
670 물건
671 단풍
672 곰
673 종
674 별장
675 마구간
676 귀
677 면도기
678 이불
679 서예
680 발
681 떡
682 풍선
683 진주
684 엿
685 가스난로
686 탱크
687 송충이
688 뱀장어
689 꼴뚜기
690 해삼
691 울타리
692 비
693 김치
694 파리채
695 악어
696 죄수
697 영감
698 발톱
699 덩굴

수련문제 700~799

700 공
701 해
702 체조
703 원시인
704 모닥불
705 노루
706 건전지
707 피라미드
708 찌꺼기
709 예수
710 비단
711 나비
712 감방
713 판자
714 주먹
715 약
716 보물
717 마루
718 가위
719 테이블
720 덮개
721 교도소
722 화가
723 캥거루
724 쌀
725 미나리
726 달력
727 공군
728 해골
729 초가집
730 원자폭탄
731 모델
732 노예
733 길레

734 피리
735 진열장
736 오리
737 비둘기
738 나사
739 감자
740 버선
741 동시
742 귀뚜라미
743 혁대
744 이슬
745 석유
746 밤나무
747 도깨비
748 교수
749 화산
750 책상
751 컵
752 살구
753 미술
754 달팽이
755 공기총
756 해군
757 초인종
758 원앙새
759 모래
760 녹음기
761 알
762 병원
763 마당
764 가시
765 털모자
766 저고리

767 수도
768 버스
769 동요
770 귀신
771 재떨이
772 인공위성
773 석탄
774 밥
775 도둑
776 교장
777 화살
778 케이블카
779 삿갓
780 미역
781 찌개
782 예비군
783 비닐
784 나방
785 감나무
786 파인애플
787 주머니
788 암행어사
789 보리
790 마라톤
791 가오리
792 텔레비전
793 저수지
794 수류탄
795 번개
796 동화
797 귤
798 샤프
799 인디언

수련문제 800~899

800 선녀	**834** 코스모스	**867** 논
801 저울	**835** 상어	**868** 갓
802 수박	**836** 방망이	**869** 볼펜
803 번데기	**837** 도마뱀	**870** 주사위
804 돛단배	**838** 구두	**871** 양
805 그릇	**839** 황금	**872** 복숭아
806 매니큐어	**840** 콘크리트	**873** 마을
807 인삼	**841** 경복궁	**874** 가재
808 선비	**842** 피아노	**875** 토끼
809 미라	**843** 짐승	**876** 주전자
810 닭	**844** 오이	**877** 양념
811 공산당	**845** 비석	**878** 뽕나무
812 해변	**846** 나팔	**879** 마이크
813 최루탄	**847** 갑옷	**880** 가족
814 유격수	**848** 팽이	**881** 빵
815 목탁	**849** 전기난로	**882** 도라지
816 담배	**850** 수세미	**883** 교통순경
817 공원	**851** 벌	**884** 화장품
818 해삼	**852** 돼지	**885** 코끼리
819 춘향전	**853** 그림	**886** 쌍안경
820 유리	**854** 온도계	**887** 미장원
821 팔씨름	**855** 인어	**888** 농구
822 주사기	**856** 숙녀	**889** 경찰
823 약국	**857** 벌집	**890** 필통
824 복권	**858** 된장	**891** 집
825 마스크	**859** 그물	**892** 오줌
826 가을	**860** 지갑	**893** 비타민
827 테이프	**861** 닭	**894** 나팔꽃
828 전구	**862** 공동묘지	**895** 계단
829 선원	**863** 해녀	**896** 하마
830 방귀	**864** 총	**897** 집게
831 도마	**865** 위문품	**898** 오징어
832 교회	**866** 목마	**899** 비행기
833 활		

수련문제 900~999

900 낙서
901 못
902 농부
903 고가도로
904 하수도
905 짚
906 옥수수
907 빙산
908 낚시
909 강도
910 편지
911 쥐
912 어머니
913 뿌리
914 만화
915 가지
916 톱
917 전차
918 시금치
919 벙어리
920 두루미
921 상추
922 미인
923 공작
924 해바라기
925 춤
926 유령
927 몽둥이
928 누나
929 고개
930 학교
931 반찬통
932 옷
933 비료
934 낙엽
935 강아지
936 포도
937 어부
938 부엉이
939 인형
940 선풍기
941 방송국
942 도시
943 구름
944 황소
945 콩
946 상투
947 믹서
948 당구
949 공장
950 해적
951 측우기
952 유치원
953 무기
954 눈
955 고기
956 학생
957 참깨
958 왕
959 토마토
960 전매청
961 술잔
962 벌레
963 두꺼비
964 글씨
965 칫솔
966 일기장
967 성경
968 방아깨비
969 도시락
970 국민은행
971 황제
972 콩국수
973 상표
974 밀감
975 당나귀
976 공항
977 햅쌀
978 층층대
979 강
980 펭귄
981 중
982 어린이
983 봉투
984 마패
985 가죽
986 토지
987 전쟁
988 시계
989 법관
990 두더지
991 금
992 핸드백
993 입
994 성냥
995 방울
996 도자기
997 국수
998 효자
999 금반지

수련문제를 심상한 것을 기록하십시오.

0					맞은 갯수	
1		34		67	
2		35		68	
3		36		69	
4		37		70	
5		38		71	
6		39		72	
7		40		73	
8		41		74	
9		42		75	
10		43		76	
11		44		77	
12		45		78	
13		46		79	
14		47		80	
15		48		81	
16		49		82	
17		50		83	
18		51		84	
19		52		85	
20		53		86	
21		54		87	
22		55		88	
23		56		89	
24		57		90	
25		58		91	
26		59		92	
27		60		93	
28		61		94	
29		62		95	
30		63		96	
31		64		97	
32		65		98	
33		66		99	

수련문제를 심상한 것을 기록하십시오.

100					맞은 갯수
101		134		167	
102		135		168	
103		136		169	
104		137		170	
105		138		171	
106		139		172	
107		140		173	
108		141		174	
109		142		175	
110		143		176	
111		144		177	
112		145		178	
113		146		179	
114		147		180	
115		148		181	
116		149		182	
117		150		183	
118		151		184	
119		152		185	
120		153		186	
121		154		187	
122		155		188	
123		156		189	
124		157		190	
125		158		191	
126		159		192	
127		160		193	
128		161		194	
129		162		195	
130		163		196	
131		164		197	
132		165		198	
133		166		199	

수련문제를 심상한 것을 기록하십시오.

번호		번호		번호	맞은 갯수
200					
201		234		267	
202		235		268	
203		236		269	
204		237		270	
205		238		271	
206		239		272	
207		240		273	
208		241		274	
209		242		275	
210		243		276	
211		244		277	
212		245		278	
213		246		279	
214		247		280	
215		248		281	
216		249		282	
217		250		283	
218		251		284	
219		252		285	
220		253		286	
221		254		287	
222		255		288	
223		256		289	
224		257		290	
225		258		291	
226		259		292	
227		260		293	
228		261		294	
229		262		295	
230		263		296	
231		264		297	
232		265		298	
233		266		299	

수련문제를 심상한 것을 기록하십시오.

				맞은 갯수	
300					
301		334		367	
302		335		368	
303		336		369	
304		337		370	
305		338		371	
306		339		372	
307		340		373	
308		341		374	
309		342		375	
310		343		376	
311		344		377	
312		345		378	
313		346		379	
314		347		380	
315		348		381	
316		349		382	
317		350		383	
318		351		384	
319		352		385	
320		353		386	
321		354		387	
322		355		388	
323		356		389	
324		357		390	
325		358		391	
326		359		392	
327		360		393	
328		361		394	
329		362		395	
330		363		396	
331		364		397	
332		365		398	
333		366		399	

수련문제를 심상한 것을 기록하십시오.

400					맞은 갯수
401		434		467	
402		435		468	
403		436		469	
404		437		470	
405		438		471	
406		439		472	
407		440		473	
408		441		474	
409		442		475	
410		443		476	
411		444		477	
412		445		478	
413		446		479	
414		447		480	
415		448		481	
416		449		482	
417		450		483	
418		451		484	
419		452		485	
420		453		486	
421		454		487	
422		455		488	
423		456		489	
424		457		490	
425		458		491	
426		459		492	
427		460		493	
428		461		494	
429		462		495	
430		463		496	
431		464		497	
432		465		498	
433		466		499	

수련문제를 심상한 것을 기록하십시오.

500				맞은 갯수	
501		534		567	
502		535		568	
503		536		569	
504		537		570	
505		538		571	
506		539		572	
507		540		573	
508		541		574	
509		542		575	
510		543		576	
511		544		577	
512		545		578	
513		546		579	
514		547		580	
515		548		581	
516		549		582	
517		550		583	
518		551		584	
519		552		585	
520		553		586	
521		554		587	
522		555		588	
523		556		589	
524		557		590	
525		558		591	
526		559		592	
527		560		593	
528		561		594	
529		562		595	
530		563		596	
531		564		597	
532		565		598	
533		566		599	

수련문제를 심상한 것을 기록하십시오.

600				맞은 갯수	
601		634		667	
602		635		668	
603		636		669	
604		637		670	
605		638		671	
606		639		672	
607		640		673	
608		641		674	
609		642		675	
610		643		676	
611		644		677	
612		645		678	
613		646		679	
614		647		680	
615		648		681	
616		649		682	
617		650		683	
618		651		684	
619		652		685	
620		653		686	
621		654		687	
622		655		688	
623		656		689	
624		657		690	
625		658		691	
626		659		692	
627		660		693	
628		661		694	
629		662		695	
630		663		696	
631		664		697	
632		665		698	
633		666		699	

수련문제를 심상한 것을 기록하십시오.

700				맞은 갯수	
701		734		767	
702		735		768	
703		736		769	
704		737		770	
705		738		771	
706		739		772	
707		740		773	
708		741		774	
709		742		775	
710		743		776	
711		744		777	
712		745		778	
713		746		779	
714		747		780	
715		748		781	
716		749		782	
717		750		783	
718		751		784	
719		752		785	
720		753		786	
721		754		787	
722		755		788	
723		756		789	
724		757		790	
725		758		791	
726		759		792	
727		760		793	
728		761		794	
729		762		795	
730		763		796	
731		764		797	
732		765		798	
733		766		799	

25. 낱말 공식 기초장

수련문제를 심상한 것을 기록하십시오.

					맞은 갯수
800					
801		834		867	
802		835		868	
803		836		869	
804		837		870	
805		838		871	
806		839		872	
807		840		873	
808		841		874	
809		842		875	
810		843		876	
811		844		877	
812		845		878	
813		846		879	
814		847		880	
815		848		881	
816		849		882	
817		850		883	
818		851		884	
819		852		885	
820		853		886	
821		854		887	
822		855		888	
823		856		889	
824		857		890	
825		858		891	
826		859		892	
827		860		893	
828		861		894	
829		862		895	
830		863		896	
831		864		897	
832		865		898	
833		866		899	

수련문제를 심상한 것을 기록하십시오.

				맞은 갯수	
900					
901		934		967	
902		935		968	
903		936		969	
904		937		970	
905		938		971	
906		939		972	
907		940		973	
908		941		974	
909		942		975	
910		943		976	
911		944		977	
912		945		978	
913		946		979	
914		947		980	
915		948		981	
916		949		982	
917		950		983	
918		951		984	
919		952		985	
920		953		986	
921		954		987	
922		955		988	
923		956		989	
924		957		990	
925		958		991	
926		959		992	
927		960		993	
928		961		994	
929		962		995	
930		963		996	
931		964		997	
932		965		998	
933		966		999